1ª edición
©℗®TM 2024, Joaquín López Guerrero & Jesús Miguel Blanco Flores

Fútbol Secrets, Escuela Digital de Fútbol Online, Málaga
http://www.futbolsecrets.com

Impreso por Amazon

ÍNDICE

ÍNDICE

ÍNDICE

0. BIENVENIDOS/AS

Bienvenidos, amigos y amigas del buen fútbol, a una obra única y original, que se convierte en **la más exhaustiva sobre los estilos de juego en fútbol.**

Este libro aúna todos los estilos de juegos que existen y que se aplican en fútbol, el estilo de **posesión, posición, directo y vertical**, además, también hemos expandido nuestro horizonte táctico al explorar otros métodos y estilos adicionales que están dejando su huella en el deporte moderno.

En esta edición profundizamos en cómo el juego de posición y posesión han revolucionado el fútbol, cómo el estilo directo ha persistido con su pragmatismo efectivo y cómo el juego vertical ha transformado la estrategia en el campo con su audaz rapidez. Cada estilo fue explorado en profundidad, revelando su historia, su impacto y su evolución.

Además, también dedicamos varias páginas a entender tácticas emergentes como el estilo relámpago "flash of lighting" y el estilo de contraataque. Estos capítulos, aunque más breves, están diseñados para ofrecer una comprensión clara de cómo estos estilos complementan y desafían las formas tradicionales de jugar al fútbol.

Nuestro objetivo es proporcionar una visión holística de la táctica futbolística, haciendo que **este libro sea una referencia indispensable** tanto para entrenadores en formación como para aficionados apasionados que desean entender todas las dimensiones del juego.

Desde las sutilezas del juego de posición hasta la eficacia fulminante del contraataque, cada estilo es discutido con la misma pasión y rigor académico.

Prepárense para adentrarse en un texto que no solo educa sino que también inspira, donde la teoría se encuentra con la práctica, y la tradición se une con la innovación. Este libro está pensado para ser **una herramienta de aprendizaje**, ofreciendo ejemplos prácticos, estrategias de entrenamiento y análisis tácticos que podrán aplicar en sus propios equipos o simplemente disfrutar como aficionados al fútbol.

¡Gracias por elegir acompañarnos en este viaje a través de los diversos estilos de juego que enriquecen el panorama futbolístico mundial!

¡Empieza el partido!

Mister Joa.

O/

INTRO-
DUCCIÓN

0.1 CONCEPTOS Y TIPOS DE ESTILOS DE JUEGO EN FÚTBOL

El "estilo de juego" en fútbol se refiere a un **conjunto de tácticas y estrategias adoptadas por un equipo que dictan cómo se mueven y reaccionan los jugadores en el terreno de juego, tanto en defensa como en ataque.**

Los estilos pueden ser clasificados en varias categorías principales, cada una con sus variantes y subestilos:

- Posición: Cada jugador tiene un rol específico que cambia dinámicamente dependiendo de la posición del balón en el campo. Ejemplo innovador: FC Barcelona de Johan Cruyff y recientemente Pep Guardiola.

- Posesión: Enfatiza mantener el control del balón y crear oportunidades de gol mediante pases precisos y movimientos organizados. Ejemplo clásico: Mario Zagallo como entrenador de la selección brasileña. Actualmente su compatriota Diniz que ha ganado la Libertadores con el Fluminense.

- Vertical: Uso de pases en profundidad para romper las líneas defensivas y usar la posesión del balón para hacer daño al rival, intentando llegar al área rival lo antes posible y en condiciones de generar oportunidades de gol. Ejemplo más claro: Marcelo Bielsa.

4

- Juego directo: Prioriza el uso de pases largos y movimientos rápidos hacia la portería adversaria, minimizando el juego en el medio campo. Ejemplo típico: Leicester City en su título de la Premier League 2015-2016 con Claudio Ranieri al mando.

- Contraataque: Se centra en defender sólidamente y aprovechar la velocidad de los jugadores para atacar rápidamente después de recuperar el balón. Ejemplo destacado: José Mourinho y el Real Madrid de Ancelotti.

- Relámpago (Flash of lighting): Aúna varios estilos de juego donde en tu propio campo usas juego de posesión y en campo contrario juego vertical, da importancia a no perder la posesión mediante pases seguros para que el equipo esté ordenado pero al cruzar el campo contrario se ejecutan pases en profundidad para romper líneas defensivas. Ejemplificación: Bayer de Xabi Alonso y Arsenal de Mikel Arteta.

Importancia Estratégica

Los estilos de juego definen la identidad de un equipo y su enfoque táctico. Un estilo de juego bien implementado puede maximizar las habilidades de los jugadores, mejorar la cohesión del equipo, y ofrecer ventajas tácticas sobre los oponentes. También afecta el desarrollo de los jugadores y la cultura del club, alineando a todos los niveles del equipo, desde las academias hasta el primer equipo, bajo una misma filosofía futbolística.

0.2 BREVE HISTORIA SOBRE LOS ESTILOS DE JUEGO

Orígenes y Evolución Temprana

El fútbol de finales del siglo XIX y principios del XX era predominantemente físico y directo, con poca énfasis en la táctica. Sin embargo, con el tiempo, estrategas visionarios comenzaron a influir en cómo se jugaba el deporte:

- **1920s-1930s:** Herbert Chapman, con el Arsenal, introdujo la formación WM, un cambio táctico que colocaba más jugadores en roles defensivos y ofensivos específicos, marcando el inicio de las tácticas modernas en el fútbol.

- **1950s-1960s:** Helenio Herrera popularizó el "catenaccio" en Italia, un sistema defensivo que también explotaba eficazmente el contraataque.

Revolución y Globalización

- **1970s:** Rinus Michels y Johan Cruyff implementaron el "fútbol total" en el Ajax y la selección de los Países Bajos, destacando la intercambiabilidad de posiciones y un juego de ataque fluido basado en el control del balón.

- **1990s-2000s:** La globalización del fútbol trajo consigo la fusión de estilos y la adaptación de tácticas de diferentes culturas, creando una era de innovación táctica. El AC Milan de Arrigo Sacchi y más tarde el Barcelona de Johan Cruyff y luego de Frank Rijkaard y Pep Guardiola, fueron ejemplos claves de equipos que influenciaron globalmente la táctica futbolística.

Siglo XXI: Diversificación y Tácticas Modernas

- **2000s en adelante:** Desde los años 2000, el fútbol ha experimentado una transformación notable en la aplicación de la tecnología y el análisis de datos, impactando profundamente en los estilos de juego y las tácticas de los equipos. El uso de datos avanzados y software analítico ha permitido a los clubes optimizar sus estrategias y mejorar su rendimiento de maneras previamente inimaginables.

Impacto del Análisis de Datos

El análisis de datos en el fútbol implica la recolección y análisis de gran cantidad de información detallada sobre el rendimiento de los jugadores y los equipos durante los partidos y entrenamientos. Esto incluye estadísticas sobre pases, tiros, duelos ganados, recorridos, patrones de juego, y mucho más. Los equipos utilizan esta información para:

- Identificar talentos: Scouting más efectivo basado en métricas específicas.
- Optimizar tácticas: Ajustes en tiempo real y post-partido basados en análisis detallado.
- Mejorar la condición física: Monitoreo de la carga de trabajo y la prevención de lesiones.

- Personalizar entrenamientos: Adaptación de las sesiones de entrenamiento a las necesidades específicas de los jugadores y las demandas del estilo de juego.

Casos Notables: Manchester City y Bayern Múnich

Manchester City
Bajo la dirección de Pep Guardiola, el Manchester City ha sido pionero en implementar un estilo de posición dominante y una presión alta efectiva. Guardiola ha utilizado el análisis de datos para perfeccionar estas tácticas, asegurándose de que el equipo mantenga el control del balón y ejerza una recuperación rápida tras pérdida. Los datos no solo informan las decisiones tácticas, sino que también ayudan en la configuración precisa de la formación del equipo, optimizando las posiciones de los jugadores y sus movimientos en el campo.

Bayern Múnich
Similarmente, el Bayern Múnich ha utilizado el análisis de datos para reforzar su enfoque táctico. Bajo entrenadores como Pep Guardiola y más tarde Hansi Flick, el equipo ha perfeccionado su estilo de juego de alta presión, posesión y la mejora de los pases profundos. Los analistas del Bayern utilizan datos para evaluar la efectividad de su presión, identificar debilidades en los equipos rivales, y ajustar su estrategia en consecuencia. Esto ha resultado en una serie de éxitos tanto en la Bundesliga como en competiciones europeas.

Evolución Tecnológica

La adopción de tecnologías como el GPS y sistemas de seguimiento en tiempo real ha revolucionado la manera en que los equipos analizan el rendimiento durante los partidos. Estos sistemas proporcionan datos en tiempo real que ayudan a los entrenadores a hacer ajustes tácticos sobre la marcha. Además, herramientas como el VAR (Video Assistant Referee) han cambiado la toma de decisiones en el campo, asegurando que las decisiones críticas sean más precisas y justas.

Futuro del Análisis en el Fútbol

A medida que la tecnología continúa avanzando, es probable que veamos aún más integración de herramientas de análisis avanzadas. La inteligencia artificial y el aprendizaje automático están comenzando a tener un papel en la predicción de patrones de juego y la evaluación del potencial de los jugadores, prometiendo una era de innovaciones aún más profundas en los estilos de juego y las tácticas en el fútbol.

Estos avances tecnológicos y analíticos no solo están transformando los estilos de juego existentes, sino que también están facilitando la emergencia de nuevas tácticas que podrían definir el futuro del fútbol.

0.3 ORÍGENES DE LOS 4 ESTILOS + USADOS.

Juego de posición

Lo creas o no la etapa de Johan Cruyff y su figura como entrenador del FC Barcelona, desde 1988 hasta 1996, representa uno de los períodos más influyentes en la historia del fútbol moderno. Cruyff, una figura ya legendaria como jugador, trajo consigo no solo una nueva visión para el club catalán, sino también un cambio radical en la forma de entender el juego. Su famoso "Dream Team" fue la encarnación de una filosofía revolucionaria conocida como "fútbol total" o juego de posición, que dejó un legado duradero en el Barcelona y en el mundo del fútbol.

Cruyff adoptó un sistema de juego 1-4-3-3 y 1-3-4-3, que se convertirían en sellos distintivos de su equipo. Estos sistemas, no sólo proporcionaron un gran equilibrio en todas las áreas del campo, sino que también permitieron una transición fluida y dinámica entre la defensa y el ataque. La idea era que cada jugador pudiera contribuir tanto en la fase defensiva como en la ofensiva, blanqueando las líneas tradicionales entre los diferentes roles en el campo.

Un aspecto central de la filosofía de Cruyff era el control de la posesión del balón. Creía firmemente que mantener la posesión no solo limitaba las oportunidades del equipo contrario, sino que también permitía dictar el ritmo del juego. Esta insistencia en la posesión del balón se convirtió en una característica definitoria del estilo de juego del Barcelona.

Para complementar este control del juego, el Barcelona de Cruyff era conocido por su intensa presión alta. El objetivo era recuperar rápidamente el balón tan pronto como se perdía, evitando que el oponente pudiera construir jugadas desde la defensa. Esta estrategia requería una gran disciplina y resistencia física, pero cuando se ejecutaba correctamente, era tremendamente efectiva.

Cruyff también puso un gran énfasis en el movimiento constante y la rotación de posiciones entre sus jugadores. Esto no solo creaba confusión entre las defensas rivales, sino que también desequilibraba al oponente. Los jugadores debían entender profundamente el juego y ser capaces de adaptarse rápidamente a diferentes roles durante el partido.

Una de las tácticas más innovadoras de Cruyff fue el uso del líbero, como lo demostró Ronald Koeman. Este jugador tenía la libertad de avanzar desde la defensa y sumarse al ataque, sorprendiendo a los rivales y aportando un elemento impredecible al juego del Barcelona.

Cruyff también era un firme defensor del desarrollo de talentos jóvenes. Puso un especial énfasis en la cantera del club, y jugadores como Pep Guardiola, Josep Maria Bakero y Sergi Barjuan, todos formados en La Masía, fueron fundamentales en el éxito del equipo. Guardiola, en particular, personificó la visión de Cruyff en el campo, actuando como un pivote esencial en la distribución del balón y conectando la defensa con el ataque.

La polivalencia era otra característica clave bajo Cruyff. Valoraba la versatilidad de los jugadores que podían desempeñar varios roles. Bakero es un ejemplo notable, destacándose por su capacidad para adaptarse a diferentes posiciones en el campo.

Además, Cruyff reconoció la importancia de un portero con habilidades con el balón en los pies, como se vio con Andoni Zubizarreta. Este enfoque presagiaba la evolución del rol del portero en el fútbol moderno, donde la habilidad para jugar con los pies se ha vuelto casi tan importante como la capacidad para detener tiros. Bajo su dirección, el Barcelona ganó cuatro títulos consecutivos de La Liga y alcanzó la cúspide con la conquista de la Liga de Campeones de la UEFA en la temporada 1991-1992, un logro sin precedentes para el club en ese momento. Estas victorias no solo reafirmaron la efectividad de su enfoque, sino que también dejaron una marca indeleble en la historia del fútbol.

Cruyff una vez dijo: **"Jugar al fútbol es muy simple, pero jugar un fútbol simple es lo más difícil que hay"**. Esta frase encapsula su enfoque del juego: una búsqueda constante de la excelencia a través de la simplicidad a través de la

simplicidad y la claridad táctica. Su legado no se limita a los trofeos y los títulos; Cruyff cambió fundamentalmente la forma en que se piensa y se juega al fútbol, dejando una huella que perdura hasta hoy en el FC Barcelona y en el mundo del fútbol en general.

D.E.P.

Juego de posesión

Mário Zagallo, como entrenador de la selección brasileña y de varios clubes, revolucionó el fútbol con un enfoque en mantener la posesión del balón y promover el juego ofensivo. Caracterizado por su habilidad técnica y creatividad, implementó sistemas tácticos que fomentaban el juego colectivo y la movilidad de los jugadores, enfatizando la importancia de cada posición. También, valoraba la formación de jóvenes talentos y su adaptabilidad a diferentes roles.

Su filosofía influenció el desarrollo del fútbol en Brasil y a nivel mundial, dejó un legado de alegría y arte en el campo. La relación de Zagallo con Pelé, tanto como compañero de equipo como en roles de entrenador-jugador, fue fundamental en el éxito de Brasil en las Copas del Mundo. Juntos, formaron parte de una generación dorada del fútbol brasileño, caracterizada por un juego espectacular y triunfos memorables. La sinergia entre su liderazgo táctico y la habilidad excepcional de Pelé fue clave en la definición del fútbol de aquella época. Campeón del mundo en 1970 y con destacadas actuaciones en otros mundiales, es recordado como un gran estratega.

Como última curiosidad, Ronaldo, uno de los jugadores más emblemáticos del fútbol, vio en Zagallo una figura paterna. Esta relación trascendió lo profesional, como lo demuestra la emotiva felicitación de Ronaldo por el cumpleaños 90 de Zagallo, destacando el impacto humano y personal de Zagallo en sus jugadores.

El legado de Mario Lobo sigue siendo una influencia significativa en el fútbol moderno. Su enfoque en la posesión del balón y las tácticas ofensivas se reflejan en las estrategias actuales de muchos equipos y entrenadores en todo el mundo. Su visión y métodos continúan siendo un modelo a seguir en el fútbol contemporáneo.

Zagallo

Pelé

Juego vertical

El origen del estilo de juego vertical se asocia intrínsecamente con Marcelo Bielsa, cuya influencia comenzó en Newell's Old Boys, donde dirigió de 1990 a 1992. Bajo su mando, el club alcanzó un éxito significativo, conquistando la Primera División argentina en la temporada 1990/91, destacándose por derrotar a equipos más grandes con un juego agresivo y ofensivo. Este enfoque se caracterizó por el juego vertical y las marcas individuales, diferenciándolo en el ámbito futbolístico. En la temporada siguiente, Bielsa llevó a Newell's a la final de la Copa Libertadores, aunque cayeron ante Sao Paulo en penales, consolidando así su reputación debido a su estilo de juego distintivo.

Posteriormente, Bielsa triunfó con Vélez Sarsfield, ganando el Clausura en 1998 con un enfoque de juego ofensivo y enérgico. Su filosofía se tradujo en un fútbol vistoso y efectivo, que cautivó a los aficionados.

Su siguiente gran desafío fue la selección argentina, a la cual dirigió entre 1998 y 2004, implantando un estilo de juego vertical que marcó una identidad diferenciada dentro del fútbol argentino y global, a pesar de no obtener títulos extraordinarios.

La influencia de Bielsa no se limitó a Argentina; en Chile, transformó la selección nacional entre 2007 y 2010, inculcando su estilo de juego vertical y cambiando la mentalidad de los jugadores, lo que les llevó a alcanzar un nuevo nivel en el escenario mundial. Su legado en Chile continúa siendo celebrado y respetado.

En Europa, Bielsa dejó una marca significativa en el Athletic de Bilbao, donde, a pesar de no ganar títulos, su estilo de juego vertical y la presión alta transformaron al equipo. Igualmente, en el Olympique de Marsella, a pesar de una estancia breve, su fútbol ofensivo y vertiginoso dejó huella.

Su impacto se extendió al Leeds United, donde implementó su filosofía y logró el ascenso a la Premier League, dejando un legado de fútbol apasionado y ofensivo. Actualmente, como entrenador de la selección uruguaya, sigue demostrando la eficacia de su estilo de juego vertical, desafiando a potencias como Brasil y Argentina.

En resumen, Marcelo Bielsa es reconocido no solo por sus tácticas y filosofía de juego ofensivas e intensas, sino también por su enfoque en la posesión del balón, la transición rápida y la movilidad de los jugadores. Más allá de los resultados, Bielsa valora la identificación de los jugadores con su filosofía y el compromiso absoluto en el campo. Su legado trasciende los resultados inmediatos, impactando profundamente en la cultura futbolística y demostrando que la profundidad y coherencia de un proyecto son tan importantes como los logros visibles.

Marcelo Bielsa no solo ha revolucionado el fútbol con su enfoque vertical y ofensivo, sino que también ha demostrado que el coraje, la innovación y la fidelidad a una idea pueden cambiar el curso del juego, dejando una huella indeleble en cada equipo y selección que ha dirigido. Su legado es un testimonio del poder transformador del fútbol cuando se juega con pasión, valentía y un compromiso inquebrantable con una visión.

Juego directo

El origen del estilo de juego directo se remonta a los primeros días del fútbol organizado, cuando las reglas del juego y las condiciones del terreno eran muy diferentes a las de hoy en día. Durante los primeros años del fútbol moderno en el siglo XIX, los campos de juego eran generalmente de césped natural y en muchas ocasiones se encontraban en condiciones irregulares, lo que hacía que el juego por el suelo fuera a menudo impredecible y difícil de controlar. Esto llevó a la adopción de tácticas más directas y físicas para avanzar en el campo.

El uso del estilo de juego directo como táctica se hizo especialmente prominente en las ligas inglesas durante la primera mitad del siglo XX. En aquella época, el fútbol inglés era conocido por su énfasis en el juego físico y la fortaleza atlética, y los equipos a menudo confiaban en los lanzamientos largos para avanzar rápidamente en el campo y crear oportunidades de gol.

Además, el desarrollo del juego aéreo como una habilidad importante en el fútbol también contribuyó al aumento del uso de lanzamientos largos, así, los equipos comenzaron a darse cuenta de que podían utilizar la altura y la fuerza física de sus jugadores para ganar duelos aéreos en el campo contrario y crear oportunidades de gol a partir de lanzamientos largos y centros desde el flanco.

A lo largo de los años, el estilo de juego directo ha evolucionado y se ha adaptado a medida que el fútbol ha experimentado cambios en sus reglas, enfoques tácticos y condiciones de juego. Sin embargo, su origen como una táctica directa y física para avanzar rápidamente en el campo y crear oportunidades de gol sigue siendo parte integral de la historia y la evolución del deporte.

Es cierto que los cambios de reglamentación han ido encauzando el estilo de juego directo actual, pero la intención sigue siendo la misma: la verticalidad, la velocidad y la simplicidad en el desplazamiento del balón hacia la portería rival. Tenemos que hablar de equipos y entrenadores que han hecho que sus equipos, usando este estilo de juego, hayan sido impenetrables y a la vez exitosos en el ataque.

Hablamos de equipos como:

- Wimbledon FC: En la década de 1980 y principios de la década de 1990, el Wimbledon FC, bajo la dirección de Bobby Gould y posteriormente Joe Kinnear, adoptó un enfoque de juego directo que les llevó a alcanzar éxitos notables, incluida la sorprendente victoria en la FA Cup en 1988.

- Stoke City: En la Premier League inglesa, Stoke City se hizo conocido por su estilo de juego físico y directo, especialmente bajo la dirección de Tony Pulis. El equipo confiaba en el juego aéreo y los lanzamientos largos para crear oportunidades de gol.

- Burnley FC: Otro equipo de la Premier League inglesa que ha utilizado el estilo de juego directo en ciertas etapas de su historia. Conocido por enfocarse en defender sólidamente y los ataques directos, especialmente en partidos contra equipos de mayor calibre.

- Athletic Club de Bilbao: En La Liga española, el Athletic Club de Bilbao también uso el estilo de juego directo en ciertas épocas, especialmente enfocado en el juego físico y la presión alta para recuperar el balón rápidamente y lanzar ataques directos. ¿Recordáis un tal Urzaiz?

- St. Mirren FC: El equipo escocés lo usó en ciertos períodos de su historia, abusando de lanzamientos largos y fuerza física para crear oportunidades de gol.

También tenemos que destacar en la historia más reciente a entrenadores como Rafael Benitez, quien con su Valencia y Liverpool consiguió títulos. En ocasiones, José Mourinho (Inter de Milán), Diego Pablo Simeone (Atlético de Madrid), Didier Deschamps (Francia), Antonio Conte (Juventus), David Moyes (West Ham), Roberto Martínez (Wigan y Bélgica) han utilizado el estilo de juego directo para poder acabar levantando trofeos.

Rafa Benítez

Hay otros entrenadores que usan el estilo de juego directo y que han tenido la oportunidad de mejorar como técnicos y ser reconocidos a nivel mundial, tales como:

- Steve Bruce (Newcastle)
- Graham Potter (Brighton & Hove Albion)
- Roy Hodgson (Crystal Palace)
- Chris Wilder (Sheffield United)
- Óscar Tabárez (Uruguay)
- Javier Aguirre (Mallorca)
- Nuno Espírito Santo (Valencia)
- Aitor Karanka (Middlesbrough)
- Thomas Tuchel (Borussia Dortmund)

Pero para mí, la máxima expresión de la fusión entre el estilo de juego directo y el éxito continuado en diferentes épocas futbolísticas, con los cambios continuos en el reglamento, ha sido Claudio Ranieri. Es un entrenador que ha sabido adaptarse y reciclarse para sacar el máximo provecho a este estilo de juego.

Comenzó en la década de los 90 ascendiendo con el Cagliari en la Serie A, un hito que lo llevó a dirigir al Nápoles y a la Fiorentina, donde obtuvo el título de la Serie B, la Supercopa de Italia y la Copa de Italia (estuvo al frente de la Fiorentina durante 4 años).

Su éxito llamó la atención en Europa, y el Valencia se adelantó llevándoselo para convertirlo en el ícono del equipo, no solo en España sino también en Europa. Logró éxitos con el Valencia al ganar la Copa del Rey y la Copa Intertoto, además de clasificar al equipo para la Champions League. En una segunda etapa, consiguió la Supercopa de Europa.

Gracias a su excelente trabajo, ha ocupado puestos en equipos de nivel mundial como el Atlético de Madrid, Chelsea (alcanzó las semifinales de la Liga de Campeones), Parma (logró un milagro salvándolo y manteniéndolo en la Serie A), Juventus, Roma (subcampeonato con opciones de ganar el título hasta la última jornada), Inter de Milán, Mónaco (lo ascendió a la Ligue 1 y la temporada siguiente consiguió el subcampeonato superando el récord de puntos) y la selección de Grecia.

En la temporada 2015/2016, asumió el cargo de entrenador en el Leicester y lo llevó a ganar la Premier League. Implanto su estilo de juego directo en Inglaterra y pudo competir contra otros estilos de juego, lo que resalta que cualquier estilo bien ejecutado puede conducir al éxito.

1		Leicester City	38	23	12	3	68	36	32	**81**
2		Arsenal	38	20	11	7	65	36	29	**71**
3		Tottenham	38	19	13	6	69	35	34	**70**
4		Manchester City	38	19	9	10	71	41	30	**66**
5		Manchester U...	38	19	9	10	49	35	14	**66**
6		Southampton	38	18	9	11	59	41	18	**63**
7		West Ham	38	16	14	8	65	51	14	**62**
8		Liverpool	38	16	12	10	63	50	13	**60**
9		Stoke City	38	14	9	15	41	55	-14	**51**
10		Chelsea	38	12	14	12	59	53	6	**50**

Ranieri levantando el trofeo otorgado por ganar la Premier League

Después, se hizo cargo del Nantes, Fulham, volvió a dirigir a la Roma, la Sampdoria (logrando el milagro de mantenerse en la Serie A) y el Watford.

Con su club actual, el Cagliari, asumió el cargo el 1 de enero de 2023, cuando el equipo ocupaba la decimocuarta posición. Logró clasificarlo para la fase de ascenso, consiguiendo la gesta de llevar al Cagliari de vuelta a la Serie A.

Desde FutbolSecrets, queremos rendir homenaje a este grandísimo entrenador que, mediante el uso del estilo de juego directo, ha sobrevivido a los cambios experimentados durante los últimos 30 años y se ha mantenido en este magnífico mundo, triunfando en diferentes partes del mundo como Inglaterra, España, Italia y Francia.

¡Debemos destacar que el ESTILO DE JUEGO DIRECTO SIGUE MUY VIVO!

1

PARTE TEÓRICA

1.1

JUEGO DE POSICIÓN

1.1 ¿QUÉ ES EL JUEGO DE POSICIÓN?

El estilo de juego de posición en el fútbol se basa en que **el equipo trabaja colectivamente,** más allá de depender únicamente de jugadores individuales, **para controlar y mantener el balón.** Los jugadores se ubican estratégicamente en el campo, creando líneas y espacios que facilitan el movimiento efectivo del balón. Es clave mantener la posesión y control del juego, buscando oportunidades de ataque mediante una distribución inteligente del balón y los jugadores, sumado a su constante movilidad. Esta táctica prioriza el trabajo en equipo, la creatividad y la posesión del balón, buscando dominar el juego a través de una circulación óptima del esférico.

En el juego de posición, **cada jugador tiene una responsabilidad directa con balón o indirecta sin balón.**

Los jugadores con balón deben evitar perder la posesión y encontrar al compañero mejor posicionado para avanzar en la jugada de ataque.

Los jugadores sin balón cerca del foco de juego deben ofrecer opciones de pase válidas, mientras que aquellos más alejados deben buscar desmarques de apoyo o ruptura, a la vez que crean y ocupan espacios, dificultando ser defendidos correctamente por el equipo rival.

LA IMPORTANCIA DEL JUEGO DE POSICIÓN

- **Control del Juego:** Poseer la pelota nos permite dictar el ritmo del partido, restringir al rival de atacar y enfocarnos en generar oportunidades de gol.

- **Creación de Oportunidades:** La posesión facilita la creación de ocasiones de gol mediante movimientos inteligentes y pases efectivos, abriendo espacios en la defensa rival.

- **Desgaste del Rival:** Mantener la posesión cansa al equipo contrario, provocando su desorganización y errores, lo que a su vez crea oportunidades para nosotros.

- **Fortalecimiento del Trabajo en Equipo:** Una comunicación fluida y automatismos bien establecidos mejoran la cohesión y la respuesta del equipo ante situaciones variables.

- **Adaptabilidad Táctica:** Este estilo no es rígido; permite ajustes según las circunstancias del partido, ya sea para controlar el tiempo o para acelerar el juego sorpresivamente.

ELEMENTOS CLAVE PARA DOMINAR EL JUEGO DE POSICIÓN

Cuando asumimos la responsabilidad de un equipo y deseamos implementar un estilo de juego centrado en la posición, debemos prestar atención constante a dos elementos fundamentales:

1. El Balón (Control y Dominio)

En el juego de posesión, el balón es fundamental y debe estar presente constantemente, ya que es clave para dañar al rival. Los jugadores deben ser capaces de usar el balón de manera efectiva y sensata, lo que implica dar pases con precisión y recibir el esférico en condiciones óptimas utilizando distintas partes del cuerpo. Además, el control del balón debe ser orientado para mantener siempre la ventaja sobre el rival. Este enfoque incluye también a los porteros, quienes juegan un papel crucial en la salida del balón y en la creación de superioridades desde la defensa. La mejora individual en el dominio del balón es una tarea esencial para cada jugador.

2. Las Asociaciones (Combinación y Mejorar el Pase al Compañero)

El siguiente elemento clave en nuestra estrategia de juego de posesión son las asociaciones. Esto significa que nuestros jugadores deben aprender a pasar el balón colectivamente para atacar al equipo rival.

Es importanque que dominen el control del balón, ya que sin este fundamento, es casi imposible ejecutar correctamente las asociaciones. El pase, aunque parece simple, tiene sus complejidades.

Nuestros jugadores deben dominar distintos aspectos como la velocidad del pase, que varía según la distancia del compañero y la presencia de rivales, y el tipo de desplazamiento del balón, que puede ser raso, a media altura, plano, o en forma de 'bombita', dependiendo de la situación del partido. Es esencial que, tras pasar el balón, el jugador se mueva inmediatamente para ofrecer una nueva opción de pase, evitando así la pérdida de posesión. Las asociaciones pueden darse en pares (paredes), tríos (triangulaciones), pequeños grupos (como una línea), o con el equipo en su totalidad, especialmente en ataques donde participan 8 o 9 jugadores.

3. Creación de Espacios

La creación de espacios es también importante en el juego de posesión, ya que permite a los jugadores con balón encontrar opciones de pase, facilitando un movimiento ágil del balón entre compañeros.

Al crear más espacio, es más sencillo mantener la posesión y evadir la presión del equipo contrario. Para lograrlo, los jugadores deben posicionarse inteligentemente en el campo, permitiéndoles recibir el balón en zonas con mayores posibilidades de superar a los marcadores y crear situaciones ventajosas.

Además, la creación de espacios no solo se trata de mantener la posesión, sino también de romper las líneas defensivas del rival. Al moverse estratégicamente, los jugadores pueden atraer a los defensores y abrir huecos en su defensa, creando así oportunidades para avanzar.

4. Movilidad de Jugadores: En cuanto a la movilidad de los jugadores, el primer beneficio es desorganizar la defensa contraria mediante cambios constantes en las posiciones y roles. Esto desconcierta a la defensa rival, ya que no pueden decidir si marcar o mantener su posición. La movilidad constante también mejora las opciones de pase, ya que al desplazarse hacia espacios libres, se crean oportunidades continuas para recibir el balón, manteniendo efectivamente la posesión.

Finalmente, esta movilidad incrementa la imprevisibilidad, dificultando que el equipo contrario anticipe las acciones, y contribuyendo a un juego más dinámico y complejo.

FINALIDAD DE USAR EL JUEGO DE POSICIÓN

La finalidad de usar el juego de posición es, en primer lugar, anotar goles y ganar partidos. Sin embargo, también hay un objetivo secundario: mantener al equipo organizado tanto en defensa como en ataque. Así, incluso sin posesión, el equipo no sufrirá defensivamente. Esto requiere un equilibrio para crear una estructura efectiva con y sin balón, y aquí radica la complejidad de implementar el estilo de juego de posición.

Objetivo Principal: "AVANZAR EN EL JUEGO DE ATAQUE TODOS JUNTOS" (equipo compacto).

Para una comprensión visual y detallada, te invitamos a consultar el siguiente video explicativo a través del código QR:

ACCEDE AL VIDEO

PUNTOS CLAVE DEL JUEGO DE POSICIÓN

Identificar y seleccionar jugadores adecuados

Conocer a fondo a cada jugador de la plantilla es esencial, tanto sus aportes como defectos. Utilizando esta información, se pueden maximizar sus capacidades para implementar correctamente el estilo de juego. Además, es importante seleccionar jugadores adicionales que cumplan con características específicas según su posición y rol.

Importancia de la formación y la táctica

Enfrentar al rival con la formación más adecuada, tanto en lo ofensivo como en lo defensivo. El estilo de juego es claro, pero se necesita una formación específica para su máxima expresión. Los automatismos, entendidos como el conocimiento de la ubicación de los compañeros y su reacción en diferentes situaciones, son clave para el éxito.

Posesión y circulación de balón

El objetivo es buscar desequilibrios en el equipo rival a través de la movilidad y circulación del balón. Esto se logra encontrando o generando situaciones de superioridad y mediante una circulación "limpia" del balón. La habilidad técnica y las asociaciones entre jugadores son cruciales para una buena circulación.

Presión y recuperación rápida

El fin es recuperar el balón en campo rival, recuperando la posesión cerca del área contraria y desorganizando al equipo adversario. Esto limita las opciones de ataque del rival y anula a sus jugadores claves.

Distribución inteligente de los jugadores en el terreno de juego

Los jugadores deben conocer sus funciones y responsabilidades para responder adecuadamente en diversas situaciones. Esto incluye atraer a los rivales para liberar a un compañero y crear superioridades numéricas. También implica asignar cuadrantes específicos a cada jugador para optimizar el uso del espacio y generar amplitud y profundidad en el juego.

Crear Superioridades: Esta táctica implica tener más jugadores en la zona de posesión del balón que el oponente. La clave reside en la movilidad de los jugadores, asegurándose de que haya más apoyos disponibles que adversarios presionando.

Racionalizar el Uso del Espacio: Esta estrategia asigna áreas específicas del campo a cada jugador para maximizar la eficiencia del juego de posición. El objetivo es ocupar un amplio espacio, creando amplitud y profundidad. Esto complica la defensa del rival y facilita el avance del equipo. La paciencia es vital, confiando en que los compañeros encontrarán a cada jugador en sus zonas asignadas

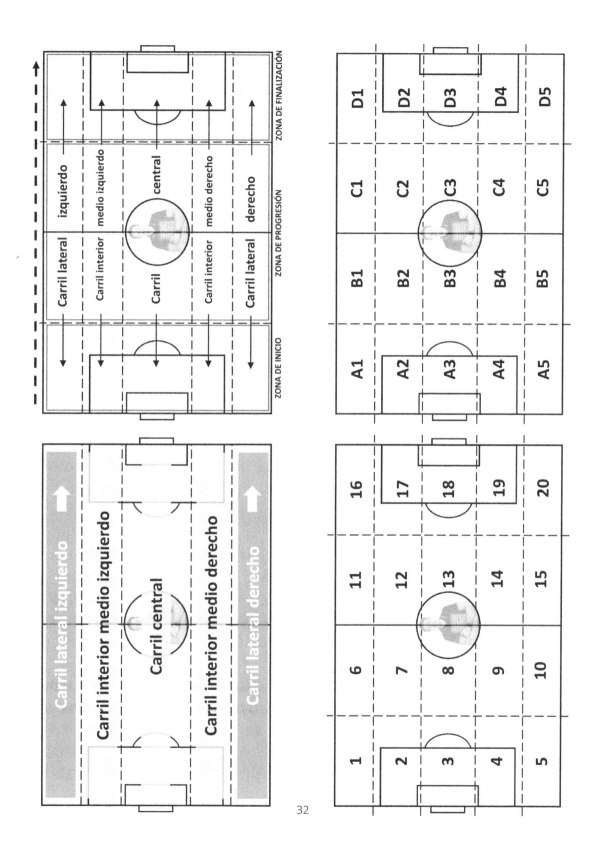

Carril lateral izquierdo

Carril interior medio izquierdo

Carril central

Carril interior medio derecho

Carril lateral derecho

izquierdo

medio izquierdo

central

medio derecho

derecho

Carril lateral

Carril interior

Carril

Carril interior

Carril lateral

ZONA DE INICIO

ZONA DE PROGRESIÓN

ZONA DE FINALIZACIÓN

D1	C1	B1	A1	
D2	C2	B2	A2	
D3	C3	B3	A3	
D4	C4	B4	A4	
D5	C5	B5	A5	

16	11	6	1
17	12	7	2
18	13	8	3
19	14	9	4
20	15	10	5

Entrenamiento y Práctica Específica

Necesitamos crear tareas que simulen situaciones reales de partido. Estas tareas deben permitir a nuestros jugadores tener las máximas herramientas posibles para manejar cada situación mediante asociaciones y utilizando el balón como elemento principal. Deberíamos incluir:

- Tareas donde predomine la posesión (circulación de balón).
- Tareas centradas en movimientos sin balón.
- Tareas enfocadas en la presión tras pérdida.
- Tareas orientadas a la finalización.

Paciencia y Perseverancia

Son virtudes clave en el juego de posición. Debemos enseñar a nuestros jugadores que a veces es necesario retroceder para avanzar y que los pases largos y arriesgados sin sentido pueden ser problemáticos. Si somos constantes en nuestra forma de jugar, podremos superar cualquier obstáculo, independientemente del rival o las circunstancias, para alcanzar nuestro objetivo principal: anotar goles y ganar partidos.

Y cuando las cosas no salgan bien...**Mentalidad Fuerte**:
Desde el primer día, debemos hacer conscientes a nuestros jugadores que enfrentarán momentos difíciles y que una mentalidad fuerte es clave para superarlos. La calma, la confianza en sus habilidades y la capacidad de adaptación son fundamentales.

En el entrenamiento, deberíamos crear la mayor cantidad de situaciones posibles que puedan encontrar en los partidos, como entrenar salidas de balón bajo diferentes tipos de presión y con distintos números de jugadores, para que estén preparados para superar estos desafíos en los partidos.

Conclusión

Para este tipo de estilo de juego no nos valen los jugadores egoístas, individualistas o jugadores pasivos.

Elementos Clave para Implantar el Estilo de Juego de Posición

Espacio = Tiempo = Calidad

Cuanto más espacio tenga nuestro jugador, más tiempo tendrá para dominar el balón y tomar la decisión más correcta, lo que ayudará a ejecutar la acción con calidad.

En estos tres conceptos radica que los pases sean exitosos, que las triangulaciones se hagan de manera correcta y que el equipo pueda dominar un partido a través del balón, del pase y de la posesión.

Cuando un jugador tiene el balón en su poder debe realizar tres acciones "ver, percibir y ejecutar" y para ello si las condiciones son favorables se hará de manera adecuada. Pongamos un ejemplo sencillo a través de un QR explicativo:

Ventajas y errores más comunes al utilizar el juego de posición.

VENTAJAS DE UTILIZAR EL JUEGO DE POSICIÓN DE MANERA ADECUADA

- Lo primero que conseguimos es ser protagónicos dentro del partido y del terreno de juego, ya que, el control y el ritmo del partido será nuestro y podremos dictaminar lo que queremos que ocurra en el mismo.

- El balón y su circulación también será nuestro, usando pases seguros y precisos conseguiremos que el rival no pueda arrebatarlo y así podremos avanzar con nuestras jugadas de ataque en todo el terreno de juego, dando igual la zona por la que queramos o necesitemos atacar.

- La desconcentración y desgaste físico será mayor en el adversario, ya que, estarán realizando un gran esfuerzo físico para intentar robar el esférico. Si nos ceñimos a nuestro plan, en la segunda parte a partir del minuto 70 aproximadamente el rival empezará a dejar espacios y carriles libres debido a su desgaste físico y por ahí podremos atacar y ganar partidos.

- Si conseguimos hacer bien el juego de posición conseguiremos que nuestro equipo ataque correctamente consiguiendo crear muchas oportunidades de gol llegando desde diferentes zonas del campo y además por estar cerca de la portería rival. Este punto, desde mi opinión, es el más importante.

ERRORES COMUNES QUE DIFICULTAN UN JUEGO DE POSESIÓN EFICIENTE

- Es importante no poner en riesgo la posesión, por ello debemos de cuidar los pases. No dar pases con ventajas al compañero en espacio, tiempo y calidad comprometerá la posesión. (la presión del rival será efectiva y conseguirá que cometamos un error en la circulación del balón).

- A veces la falta de creatividad es otro problema, el juego de posición puede realizar demasiados patrones de juego predecibles donde la creatividad se muere. Es bueno tener zonas del campo donde dejemos al jugador o jugadores crear sus jugadas de manera libre.

- Y el mayor problema es la necesidad de tener jugadores específicos con habilidades técnicas y tácticas específicas, si no se consigue estos jugadores es muy difícil implantar bien el juego de posición.

- Subestimar la defensa, muchas veces nos centramos en el ataque y se nos olvida trabajar bien la presión tras perdida y la defensa organizada. Esto provoca una maravilla verlo atacar y un desastre verlo defender. Si no hay ese equilibrio no se podrá ganar partidos.

- Y el último aspecto a resaltar (y se ve mucho en los equipos) es la falta de paciencia. El equipo tiene que llegar muy vivo y con el trabajo bien hecho a los últimos 20 minutos. Si se hace, los partidos irán madurando y es ahí donde encontraremos nuestras ocasiones de gol y donde podremos "matar los partidos".

CÓMO ENTRENAR EL JUEGO DE POSICIÓN

En la preparación de sesiones y tareas de entrenamiento para implantar el estilo de juego de posesión, debes considerar los siguientes aspectos:

Técnica individual: entrena la técnica individual de tus jugadores, incluyendo pases, recepciones, regates y control de balón.

Tareas de pase y recepción y de movilidad: pases en movimientos y en espacios reducidos, para mejorar la precisión y la velocidad del pase. Entrena ejercicios de movilidad que enfaticen la creación y ocupación de espacios libres.

Ejercicios de finalización: entrena ejercicios de finalización que simulen situaciones del juego, como tiros a puerta y remates de cabeza, para mejorar la precisión y la habilidad de tus jugadores en estas situaciones.

Entrenamiento táctico: entrena ejercicios tácticos que muestren como los jugadores deben moverse y posicionarse en diferentes situaciones de juego, en ataque organizado, en la transición defensa – ataque o en lo defensivo como la presión alta y presión tras perdida.

Trabajar a través de tareas en los entrenamientos **otros conceptos básicos** como:
- La amplitud de los jugadores (extremos o laterales)
- Posicionamiento de jugadores a diferentes alturas para trabajar el juego entre líneas.

- Concepto de encontrar al "hombre libre".
- Generar superioridades en diferentes zonas del campo y trabajar su posesión y progreso en dichas zonas.
- Generar superioridades posicionales para progresar en la jugada de ataque.
- Crear tareas para provocar situaciones favorables en el ataque de 1 x 1 con los jugadores más desequilibrantes para ganar esos duelos individuales.
- Tareas donde se conduce el balón, se fija al rival y luego se pasa el balón.

ASPECTOS A TENER EN CUENTA CUANDO ESTAMOS REALIZANDO UN ATAQUE ORGANIZADO CON EL ESTILO DE JUEGO DE POSICIÓN.

- **Espacio**: Distribuir a los jugadores racionalmente por todo el campo para crear un equipo amplio y profundo. Esto permite asociaciones efectivas a través de pases seguros.
- **Movilidad**: Ofrecer apoyos y moverse rápidamente, crea espacios y confunde al rival. Esto facilita tener jugadores libres en buenas posiciones para recibir pases y avanzar en el juego ofensivo.
- **Ritmo**: Mantener un ritmo de juego rápido puede sorprender a la defensa contraria y desequilibrar su estructura. Mover rápidamente el balón ayuda a generar y aprovechar espacios, dificultando la reorganización defensiva del rival y creando oportunidades de uno contra uno.
- **Paciencia**: Fundamental para asegurar que cada pase y movimiento sea efectivo en superar la presión defensiva. Permite esperar el momento adecuado para explotar brechas y realizar pases decisivos, desgastando al rival tanto física como mentalmente.

- **Técnica**: Esencial para dominar aspectos clave del juego, como mantener la posesión, ejecutar movimientos coordinados, superar defensores, finalizar con precisión y asociarse con éxito en la creación de jugadas de ataque.
- **Asociación**: Pieza clave del juego de posición. Una asociación exitosa mejora la conexión entre jugadores, facilita movimientos coordinados y automatizados, permite combinaciones rápidas y ayuda a adaptarse a las diversas tácticas defensivas del equipo contrario.

ASPECTOS A TENER EN CUENTA CUANDO ESTAMOS REALIZANDO UNA DEFENSA ORGANIZADA CON EL JUEGO DE POSICIÓN.

- **Presión tras Pérdida:**
  - El jugador más cercano al balón inicia la presión.
  - Otro jugador cercano marca de forma coordinada a los posibles destinatarios del balón.
  - Los jugadores más alejados reducen espacios de manera coordinada.
  - Implementación de vigilancias ofensivas.
- **Control de la Transición:** Si la primera presión no es efectiva, se debe controlar la transición defensa-ataque del rival, intentando detener su ataque rápido y obligándolos a atacar de manera más organizada.
- **Posicionamiento:** Reorganizar defensivamente al equipo para formar una estructura compacta, evitando dejar carriles o espacios libres que el adversario pueda aprovechar.
- **Coordinación:** Trabajar en la posición, lugar y rol que cada jugador debe adoptar en función de la ubicación del balón o la zona de ataque del rival.

- **Presión:**
  - Inicialmente, ejercer una presión individual sobre el balón.
  - Posteriormente, realizar una presión colectiva para reducir espacios y recuperar el balón y la posesión lo más rápido posible.
- **Concentración:** Mantener la concentración en todo momento es clave para adaptarse rápidamente a las distintas situaciones que surjan en el juego.

TAREAS A REALIZAR EN TUS ENTRENAMIENTOS PARA IMPLANTAR EL ESTILO DE JUEGO DE POSICIÓN.

Para implementar el estilo de juego de posición en tus entrenamientos, puedes organizar las actividades en tres categorías principales:

Ejercicios Correctivos:

- Rueda de Pases
- Específicas Técnicas
- Finalizaciones
- Tecnificación (Control de Balón y Pase y Recepción)

Juegos Correctivos:

- Rondos
- Juegos de Posesión
- Juegos de Presión
- Juegos Reducidos

Partidos:

- Ataque – Defensa
- Defensa – Ataque
- Mini Partidos
- Partidos Condicionados
- Situaciones de Partido
- Partidos Doble Área

1 . 2

JUEGO DE POSESIÓN

1.2 ¿QUÉ ES EL JUEGO DE POSESIÓN?

El juego de posesión **es un estilo de juego en el que un equipo busca mantener el control del balón durante períodos prolongados, logrando la posesión a través de pases precisos y controlados entre los jugadores.**

Cuando hablamos de "períodos prolongados", no necesariamente se refiere a minutos completos; puede ser una secuencia de 10, 15 o 20 segundos en la que aplicamos esta filosofía para buscar oportunidades de gol.

Al hablar de pases precisos, es importante enfatizar la noción de **"pases seguros".** Esto implica que al pasar el balón a un compañero, lo hacemos en condiciones óptimas para que él pueda realizar un pase seguro y continuar la jugada sin poner en riesgo la posesión del balón.

Este estilo de juego no solo tiene como objetivo avanzar hacia la portería rival y marcar goles, sino también:

1. Controlar el Ritmo del Juego: Nuestro equipo debe ser el protagonista en el campo, dictando el ritmo y el tempo del partido.
2. Desgastar al Equipo Contrario: Buscamos desgastar al equipo contrario, creando zonas, espacios y carriles libres que nos permitan atacar y causar daño al rival.
3. Crear Oportunidades de Ataque con Paciencia: Es crucial dominar el "timing" del pase, es decir, saber cuándo entregar el balón a un compañero para que este tenga ventaja y el rival esté lo más alejado posible.

En el juego de posesión, cada jugador tiene una responsabilidad, ya sea directa (con balón) o indirecta (sin balón):

- Los jugadores con balón deben evitar la pérdida de la posesión a toda costa.
- Los jugadores sin balón deben ocupar posiciones estratégicas para provocar reacciones en los rivales y generar opciones de pase.

Este enfoque estratégico no solo requiere habilidades técnicas sólidas, sino también una comprensión profunda del juego y la capacidad de trabajar en equipo para alcanzar el éxito. Con dedicación y práctica, el juego de posesión puede convertirse en una herramienta poderosa para cualquier equipo de fútbol y tú tienes entre manos el amuleto que te ayudará a conseguirlo. ¡Seguimos!

LA IMPORTANCIA DEL JUEGO DE POSESIÓN

1. Control del Juego

La capacidad de implementar el estilo de juego de posesión convierte a nuestro equipo en el dominador absoluto de los partidos, ya que el balón pasa a ser nuestro. El rival se encuentra en la posición de perseguir el balón, y su función principal en el partido es defender. La clave para el éxito radica en el uso efectivo de la posesión; si lo logramos, la victoria estará al alcance de nuestras manos. El control del juego nos permite dominar los siguientes aspectos:

- Ritmo del Partido: Nuestro equipo determina la velocidad del juego.

- Dirección del Juego Unidireccional: Nuestro equipo se encuentra constantemente en la ofensiva, atacando la portería rival.
- Iniciativa de Nuestro Equipo: El balón nos pertenece, lo que nos permite dictar el rumbo del partido.

2. Creación de Oportunidades

El uso adecuado de la posesión nos brinda la capacidad de crear oportunidades de gol, aumentando nuestras posibilidades de anotar y lograr resultados óptimos.

3. Desgaste del Rival

Cuando nuestro equipo domina la posesión y el rival no puede arrebatárnosla, conseguimos que el rival se desgaste física y mentalmente. Es importante recordar que los jugadores, cuando no están involucrados en el juego, pueden disminuir su intensidad debido al aburrimiento, y cuando el rival recupera el balón rápidamente, este efecto se multiplica. Para lograrlo, es esencial que nuestro equipo realice una circulación efectiva del balón, moviéndolo con un propósito claro y con el objetivo de dañar al rival. La posesión debe ser efectiva y eficiente; en lugar de abusar de los pases horizontales, debemos buscar pases en profundidad cuando sea posible. Si podemos crear una oportunidad de gol en seis pases, debemos hacerlo sin dudarlo, evitando el exceso de pases innecesarios.

La adopción de este estilo de juego de posesión no solo mejora el desempeño del equipo, sino que también aumenta nuestras posibilidades de éxito en el campo. Es fundamental que los entrenadores comprendan y enseñen estos conceptos para lograr un fútbol eficaz y atractivo.

ELEMENTOS CLAVE PARA DOMINAR EL JUEGO DE POSESIÓN

Cuando asumimos la responsabilidad de un equipo y deseamos implementar un estilo de juego centrado en la posesión, debemos prestar atención constante a dos elementos fundamentales:

1. El Balón (Control y Dominio)

El balón debe ser nuestro punto de referencia constante, ya que necesitamos que esté en nuestro poder la mayor parte del tiempo posible para poder desequilibrar al rival. Para lograrlo, es esencial que nuestros jugadores sepan utilizar el balón de manera adecuada y con sentido.

Mi tarea como entrenador implica mejorar las habilidades individuales de cada jugador en el control del balón y su dominio. Necesitamos jugadores capaces de entregar pases precisos, de recibir el balón en condiciones favorables utilizando diferentes partes del cuerpo y de controlar el balón de manera orientada para obtener ventaja sobre el rival en todo momento. No debemos pasar por alto a los porteros, ya que desempeñan un papel fundamental en la salida del balón y contribuyen a crear superioridades en esa fase del juego.

2. Las Asociaciones (Combinación y Pases Precisos)

El siguiente componente clave son las asociaciones. Para lograrlo, llevaremos a cabo combinaciones de pases colectivos para atacar al equipo rival. Es importante destacar que nuestros jugadores deben dominar el elemento anterior (el control del balón) para que este segundo componente pueda ejecutarse de manera efectiva.

Aunque el pase pueda parecer sencillo, implica una serie de desafíos. Nuestros jugadores deben dominar varios aspectos, como la velocidad del pase (que varía según la distancia entre compañeros y la presencia de rivales cercanos), la elección del tipo de pase (pase raso, pase a media altura, pase picado, entre otros, en función de la situación del partido), y la técnica de "dar y moverse", que implica que los jugadores se desplacen después de dar un pase para ofrecer una nueva opción de pase y evitar la pérdida de posesión.

Además, es también importante que nuestros jugadores sepan asociarse en parejas (mediante paredes), en tríos (triangulaciones), en pequeños grupos (formando una línea, por ejemplo), y con el equipo en su conjunto cuando estamos atacando en una zona determinada del campo, donde un gran número de jugadores se involucra en la jugada (8 o 9 jugadores, por ejemplo).

Dominar estos elementos no solo enriquece nuestro juego, sino que también nos proporciona una ventaja estratégica sobre nuestros oponentes. Recuerda que, como entrenadores, nuestro papel es desarrollar estas habilidades en nuestros jugadores.

Finalidad:
En el juego de posesión, la finalidad principal es lograr dos tipos de pases distintos:
1. Pases por Posesión: Estos pases se enfocan en la cantidad de pases que se realizan con el propósito de desgastar y desorganizar al equipo contrario. A través de una serie de pases precisos y controlados, buscamos minar la resistencia del rival y crear oportunidades para avanzar en el campo.

2. Distancia por Posesión: Este tipo de pases se centra en la distancia que avanzamos en el terreno de juego, en esencia, la profundidad que conseguimos ganar. El objetivo es mover el balón con eficiencia y estrategia para penetrar las líneas defensivas del oponente y acercarnos a la portería rival.

Además, para una comprensión más visual y detallada de estos conceptos, te invitamos a consultar el siguiente video explicativo a través del código QR que encontrarás a continuación:

ACCEDE AL VIDEO

Objetivo Principal: "Avanzar en el Juego de Ataque Todos Juntos" (Equipo Compacto)

PUNTOS CLAVE DEL JUEGO DE POSESIÓN

Entrenamiento Técnico Intensivo

Realiza un entrenamiento técnico intensivo para mejorar la habilidad individual de cada jugador, especialmente su dominio del balón. Debemos establecer una progresión que vaya desde ejercicios simples hasta tareas más complejas, manteniendo una continuidad en el entrenamiento para evaluar y observar las mejoras de manera constante. Aunque este proceso puede ser arduo, es gratificante ver cómo los jugadores evolucionan desde su punto de partida hasta su desarrollo completo.

Mentalidad y Filosofía

Es importante reconocer que habrá momentos de dificultad en el camino, ya que no todo siempre saldrá según lo planeado. En estos momentos de crisis, trabaja sin temor, confiando en que esta filosofía y estilo de juego es la más adecuada y proporcionará la competitividad, la posibilidad de ganar y el éxito sostenible. Para implementar esta filosofía, es necesario plantear y responder a preguntas fundamentales que den sentido a cada aspecto del juego de posesión.

Movimiento Sin Balón

Al trabajar en el movimiento sin balón, debemos evitar que el equipo se convierta en un embudo, donde los pases carezcan de sentido. El objetivo es enseñar a los jugadores a realizar movimientos que mejoren la posición anterior, profundicen en el juego, desorganice la defensa rival y tengan como objetivo final la oportunidad de anotar un gol.

Todo esto solo será posible si los jugadores sin balón se mueven con un propósito claro para crear espacios, ocuparlos y hacer daño al rival. La sincronización colectiva es esencial para que esto funcione.

Juego de Posición
En el juego de posesión, es fundamental llevar a cabo una reorganización tanto en la fase ofensiva como en la defensiva a través del control del balón. El equipo debe mantener su estructura cuando pierde la posesión, y los jugadores deben estar preparados para cubrir diferentes posiciones y roles según la situación de juego.

Pases Cortos y Rápidos
La circulación del balón con pases cortos y rápidos. Si no se ejecuta correctamente, no se logrará desgastar al rival ni desorganizar su defensa, lo que resultará en una circulación de balón ineficaz.

La Importancia de la Recuperación
Buscar una recuperación colectiva rápida es esencial para mantener la tenencia del balón. La compacidad del equipo en torno al balón permite que la recuperación sea efectiva si se trabaja correctamente. Es importante recordar que, desde el primer día, no solo nos centramos en el ataque, sino también en la defensa.

Flexibilidad Táctica
El juego de posesión requiere la capacidad de adaptarse mediante sistemas variables, lo que nos permite reorganizarnos según las necesidades específicas de cada situación de juego. Si la táctica es rígida, no podremos dañar al rival ni mantener la continuidad en nuestro juego.

Construcción desde Donde se Haya Recuperado la Posesión.

Hay que inculcar a nuestros jugadores que no siempre es necesario iniciar el juego desde atrás. A veces, cuando recuperamos el balón, la primera opción debe ser atacar de manera más directa, aprovechando la desorganización del rival.

Coordinación y Comunicación

Una buena coordinación y comunicación para evitar la congestión de jugadores en un mismo carril y para mantener espacios adecuados. Un equipo con una comunicación efectiva aumenta su competitividad y trabaja en armonía hacia un objetivo común, donde el colectivo es más importante que las individualidades.

La Paciencia como Virtud

Tanto en la implementación de la filosofía en los partidos como en el proceso de entrenamiento y desarrollo de conceptos. En los encuentros, debemos madurar el juego, ya que los espacios y oportunidades suelen aparecer en momentos específicos, a menudo en la segunda mitad. Los jugadores deben tener paciencia con el balón y trabajar de manera efectiva en equipo sin balón para recuperarlo rápidamente.

Conclusión: Rechazo a Jugadores Egoístas y Pasivos

Para este tipo de estilo de juego, no son adecuados los jugadores egoístas, individualistas o pasivos. Se requiere un equipo comprometido y solidario que trabaje en conjunto. La cohesión y el espíritu colectivo son fundamentales para el juego de posesión exitoso.

Elementos Clave para Implantar el Estilo de Juego de Posesión

Espacio = Tiempo = Calidad

El éxito en el juego de posesión depende de tres elementos interrelacionados: espacio, tiempo y calidad. Cuanto más espacio tenga un jugador, más tiempo dispondrá para dominar el balón y tomar decisiones precisas, lo que en última instancia conducirá a una ejecución de acciones de alta calidad. Estos tres conceptos son fundamentales para el éxito en el juego de posesión. Determinan la eficacia de los pases, la ejecución adecuada de las triangulaciones y la capacidad del equipo para controlar un partido a través del control del balón, la precisión en los pases y la retención de la posesión. Cuando un jugador tiene el balón en su posesión, debe llevar a cabo tres acciones fundamentales: "ver, percibir y ejecutar". Para realizar estas acciones de manera adecuada, es esencial que las condiciones sean favorables. Te lo explicamos mejor en video:

Ventajas y errores más comunes al utilizar el juego de posesión.

VENTAJAS DE UTILIZAR EL JUEGO DE POSESIÓN DE MANERA ADECUADA

- Control del Juego: Tu equipo se convierte en el dueño del juego, manteniendo el control y la estabilidad en el terreno de juego.

- Toma de Decisiones Eficaz: La repetición de automatismos hace que el equipo juegue cada vez más de memoria, lo que mejora la toma de decisiones.

- Manejo del Ritmo del Juego: El equipo puede ajustar el ritmo del juego según la situación, no solo controlando el partido, sino adaptándose al resultado y las acciones del rival. Esto permite jugar de la manera que el equipo desee en cada momento.

- Continuidad en los Ataques: Los jugadores en posesión del balón tienen la ventaja de combinar y construir ataques de manera continua. Esto genera un ambiente de entusiasmo y determinación, ya que los jugadores están dispuestos a recuperar la posesión rápidamente y volver a atacar después de perder el balón.

ERRORES COMUNES QUE DIFICULTAN UN JUEGO DE POSESIÓN EFICIENTE

- Pases sin Ventajas: Dar pases sin considerar las ventajas en espacio, tiempo y calidad para el compañero. Esto permite que la presión del rival sea efectiva y puede llevar a errores en la circulación del balón.

- Establecer Número Fijo de Pases: Implantar un número mínimo o máximo de pases antes de atacar. En un juego real, cada situación determinará la cantidad de pases necesarios para avanzar en la jugada de manera exitosa, por lo que fijar un número predeterminado puede ser un error.

- Evitar Pérdidas Innecesarias: Evitar pérdidas innecesarias al realizar pases horizontales o dar pases innecesarios que comprometan la posesión del balón.

- Restringir a Uno o Dos Toques: Limitar el juego a uno o dos toques en todo momento. La cantidad de toques necesarios variará según la zona del campo y la situación del partido, por lo que no es realista imponer siempre un límite fijo de toques.

- Falta de Dificultad en el Entrenamiento: No aumentar la dificultad en el entrenamiento, lo que puede llevar a una falta de preparación para situaciones más desafiantes que ocurren en los partidos. Es importante que el entrenamiento refleje las condiciones reales de juego para que los jugadores estén listos para enfrentar cualquier situación.

CÓMO ENTRENAR EL JUEGO DE POSESIÓN

En la preparación de sesiones y tareas de entrenamiento para implantar el estilo de juego de posesión, debes considerar los siguientes aspectos:

Aspectos a Tener en Cuenta en la Preparación de Sesiones:

- Técnica individual
- Ejercicios de pase y recepción
- Ejercicios de movilidad
- Ejercicios de posesión: Rondos, espacios reducidos, situaciones reales de partido
- Ejercicios de finalización
- Entrenamiento táctico

Consideraciones Durante un Ataque Organizado con el Estilo de Juego de Posesión:

- Paciencia
- Circulación rápida
- Desmarques y apoyos
- Progresión controlada
- Comunicación
- Crear asociaciones
- Recuperación defensiva

Consideraciones Durante una Defensa Organizada con el Juego de Posesión:

- Recuperación rápida
- Presión coordinada
- Compactación defensiva
- Posicionamiento defensivo
- Comunicación
- Concentración y disciplina

Tareas a Realizar en tus Entrenamientos para Implantar el Estilo de Juego de Posesión:

Ejercicios Correctivos:
- Rueda de Pases
- Ejercicios Específicos de Técnica
- Finalizaciones
- Tecnificación (Control de balón y pase y recepción)

Juegos Correctivos:
- Rondos
- Juegos de Posesión
- Juegos de Presión
- Juegos Reducidos

Partidos:
- Ataque - Defensa
- Defensa - Ataque
- Mini Partidos
- Partidos Condicionados
- Situaciones de Partido
- Partidos Doble Área

1.3

JUEGO
VERTICAL

57

1.3 ¿QUÉ ES EL JUEGO VERTICAL?

El estilo de juego vertical en fútbol se caracteriza por una estrategia táctica que **busca avanzar rápidamente hacia el área contraria, minimizando los pases laterales**, **y hacia atrás**, utilizando estos últimos sólo **como recurso en caso de necesidad**. Este enfoque se fundamenta en la verticalidad en la progresión del balón, con la intención de desestabilizar las líneas defensivas oponentes y crear oportunidades de gol mediante transiciones rápidas y ataques utilizando pases en profundidad. **Los equipos que adoptan este estilo suelen destacar por su velocidad, su ritmo alto de juego, su capacidad para presionar alto y su habilidad para aprovechar los espacios en el campo** para generar situaciones ofensivas de manera eficiente.

Los jugadores se posicionan estratégicamente en el campo, creando líneas y espacios para facilitar el movimiento del balón. La clave es buscar oportunidades de ataque mediante una distribución inteligente de los jugadores, además de mantener una constante movilidad.
En el juego vertical, cada jugador tiene una responsabilidad directa (con balón) o indirecta (sin balón).

Los jugadores con balón deben evitar la pérdida de la posesión y encontrar al compañero que esté en la mejor posición para poder progresar con la jugada de ataque. Los jugadores sin balón cercanos al foco deben ofrecer opciones de pases válidas para su compañero, mientras que los jugadores sin balón lejanos del foco tendrán que ofrecer opciones de pase mediante desmarques de apoyo o ruptura, al mismo tiempo que intentan crear y ocupar espacios para dificultar su marca por parte del equipo rival.

En resumen, el juego vertical es una táctica que prioriza el trabajo en equipo, la profundidad de las acciones y la intensidad de los jugadores, tanto en ataque como en defensa.

LA IMPORTANCIA DEL JUEGO VERTICAL.

- **Ataque eficiente:** En lugar de abusar de los pases laterales o hacia atrás, estos equipos buscan avanzar de manera vertical y profunda hacia el área adversaria. Esto implica realizar ataques rápidos minimizando la cantidad de pases, utilizando solo los necesarios para causar daño al rival.

- **Rapidez en la transición:** Este estilo permite pasar rápidamente de la defensa al ataque, sorprendiendo a los oponentes con una transición rápida que los deja desorganizados defensivamente. Si se logra ser contundente, se pueden generar contraataques eficaces.

- **Presión sobre el adversario:** Al buscar continuamente la portería contraria, se obliga al rival a retroceder y defenderse. Esto permite presionar de manera constante cuando se pierde la posesión, limitando las opciones de construcción del rival y aumentando las posibilidades de recuperar el balón cerca de su área.

- **Aprovechamiento de espacios:** Con este estilo de juego se busca explotar rápidamente los espacios que se presentan en la defensa contraria. Los movimientos continuos y estratégicos de los jugadores provocan la creación y explotación de espacios y debilidades en la organización defensiva rival, lo que lleva a situaciones de superioridad numérica y oportunidades de gol.

- **Desgaste físico del rival:** La constante presión y la rápida sucesión de jugadas verticales provocan un desgaste físico en el equipo contrario, que puede no estar preparado para enfrentarse a un equipo con este estilo de juego. La velocidad y la intensidad del juego llevan a que los oponentes cometan errores debido a la fatiga, que pueden ser aprovechados por el equipo que utiliza el juego vertical para causar daño al rival.

- **Estilo entretenido y atractivo:** Este estilo de juego se asocia con un fútbol emocionante y atractivo para los aficionados y los hinchas. La búsqueda constante de ataque y la creación de oportunidades de gol hacen que los seguidores se sientan partícipes del juego y deseen apoyar a su equipo a través de los cánticos, lo que hace que estos partidos sean inolvidables.

- **Adaptabilidad táctica:** Utilizar el juego vertical no implica renunciar a la táctica. Dependiendo de la situación de juego, el equipo puede reorganizarse para mantener el equilibrio y seguir utilizando este estilo tanto en defensa como en ataque.

ELEMENTOS CLAVE PARA DOMINAR EL JUEGO VERTICAL

Cuando asumimos la responsabilidad de un equipo y deseamos implementar un estilo de juego centrado en el juego vertical, debemos prestar atención constante a seis elementos fundamentales:

La **precisión en los pases** es esencial para llevar a cabo el estilo de juego vertical en el fútbol. Se debe dominar los pases cortos, medios y largos, utilizando diferentes partes del pie como el interior (para mayor seguridad y precisión) y el empeine (para mayor velocidad en el pase), así como los pases a primer toque y el control y pase. Todos estos elementos son necesarios y fundamentales.

Cuando se domina este aspecto, se facilita la fluidez, la circulación y la velocidad del juego. Los pases precisos permiten aprovechar las oportunidades para avanzar hacia el arco rival, desestabilizando a su defensa. Además, la precisión en los pases contribuye a mantener la posesión del balón, evitando pérdidas innecesarias que podrían resultar en contraataques peligrosos por parte del rival.

Desmarques Inteligentes: Para una comprensión rápida, nos referimos a los movimientos que realizan los jugadores para crear opciones de pase y abrir espacios en la defensa rival. La finalidad es progresar con el balón hacia el área rival de manera rápida y eficaz. Para lograr esto, debemos utilizar jugadores que estén estratégicamente posicionados para dar continuidad a la jugada y romper las líneas defensivas.

Estos tipos de desmarques no solo generan oportunidades para avanzar en el juego, sino que también contribuyen a mantener la fluidez y circulación del balón, así como la sorpresa en el juego, lo que desequilibra el trabajo defensivo rival y facilita la conexión entre los jugadores para crear ocasiones de gol.

Es necesario dominar los desmarques de apoyo y los de ruptura, así como saber cómo realizarlos y cuándo ocupar o abandonar un espacio.

Dominio de las Asociaciones (Automatismos): Es esencial para que el equipo alcance un alto nivel de competitividad. Estos automatismos implican movimientos y decisiones preestablecidas, que los jugadores realizan de manera instintiva al saber dónde estará su compañero y cuál será el siguiente movimiento. Se practican en los entrenamientos de forma periódica, tanto en parejas, tríos, pequeños grupos o en el equipo completo, lo que dificulta jugar con este estilo.

La coordinación y el entendimiento entre los jugadores mejoran con esto, permitiendo que el balón se mueva de manera fluida y rápida, lo que contribuye a la efectividad del juego vertical y a la creación de oportunidades de gol, mejorando la cohesión del equipo de manera significativa.

Conciencia Táctica: Cuando nuestro equipo domina este aspecto, aprovecha eficientemente los espacios para atacar al rival y mantener una presión constante sobre su defensa. Esto permite al equipo ser dominador en ambas fases del juego. Esta conciencia táctica ayuda a mover el balón con mayor fluidez y asegura que los jugadores sepan en todo momento qué hacer, dónde y cómo moverse.

Otro concepto importante es la **Adaptabilidad Táctica**, que se refiere a la capacidad del equipo para adaptarse a las diferentes situaciones del juego que se presentan en los partidos. Es fundamental que los jugadores sepan cómo reorganizarse defensivamente y qué funciones y posiciones ocupar en diversas jugadas.

La **Disciplina Táctica** también es de igual importancia, ya que se requiere que el equipo mantenga una estructura sólida tanto en la fase defensiva como en la ofensiva, y que cada jugador sepa en todo momento dónde se encuentran sus compañeros para dar continuidad a las jugadas o para mantener un muro defensivo.

Presión y Recuperación del Balón: Este concepto está íntimamente relacionado con este estilo de juego, ya que, es esencial para poder controlar su desarrollo. Necesitamos condicionar al rival tanto ofensivamente como defensivamente y no dejar que puedan realizar su fútbol de manera fácil, cómoda y tranquila. Si realizamos correctamente la presión alta y marca al hombre conseguiremos robar el balón en zonas cruciales del rival y podremos hacerle mucho daño porque estará desordenado defensivamente (transiciones ofensivas fluidas y rápidas).

El objetivo principal con la presión alta, la marca individual en campo completo y la recuperación de balón rápida nos brinda la capacidad de controlar el partido y al rival desde la fase defensiva, ya que, dificulta que el equipo rival construya jugadas cómodas desde la defensa, forzaremos sus errores y pérdidas de balón y podremos crear oportunidades inmediatas de gol con nuestro contraataque.

Por último, la **capacidad de finalización** es fundamental en este estilo de juego, ya que una alta eficacia en la finalización ejerce presión sobre el rival y crea constantes amenazas. Además, la llegada con muchos jugadores al área rival potencia la efectividad del equipo en la fase ofensiva y mantiene a la defensa rival en alerta constante.

Este estilo de juego tiene como principio de juego atacar mucho y conseguir muchas llegadas y consigo muchas oportunidades de gol, y si no somos capaces de materializarlas el rival estará cómodo y nosotros tendremos el riesgo de encajar gol en cualquier momento aislado cuando cometamos un error. Es por ello, que para que el equipo adversario se vea amenazado no solo en lo psicológico y moral (están sometidos a una presión alta y llegadas continuas de nuestros jugadores) necesitamos materializar las ocasiones y ponernos arriba en el marcador.

Por último, **la importancia de llegar con muchos jugadores al área rival.** Este aspecto no solo potencia la efectividad del equipo en la fase ofensiva, sino que hace que la defensa rival esté en alerta en todo momento y vea a nuestro equipo como una amenaza constante. Si conseguimos ubicar a nuestros jugadores en la llegada usando los carriles y los espacios adecuados dentro del área y en zonas próximas conseguiremos tener situaciones propicias para poder marcar y generaremos desequilibrios defensivos en el rival.

FINALIDAD DE USAR EL JUEGO VERTICAL

La finalidad de usar el juego de vertical es anotar goles y ganar partidos. Sin embargo, también existe un objetivo secundario igualmente importante: mantener al equipo organizado tanto en defensa como en ataque.

Para lograr este objetivo, buscamos una rápida progresión hacia el área rival mediante la reducción de distancias en el campo de manera directa y eficiente, utilizando pases en profundidad. Aprovechamos los movimientos inteligentes, como los desmarques, realizados por nuestros jugadores, así como la creación y ocupación de espacios detrás de la línea defensiva rival y la verticalidad para explotar situaciones de inferioridad numérica o desorganización defensiva del equipo contrario. Es fundamental mantener un equilibrio defensivo, por lo que aplicamos una presión alta, marcamos al hombre y ejercemos una constante presión sobre el rival para evitar que nos ataquen fácilmente y para asegurar que tengamos la posesión del balón durante la mayor parte del tiempo posible durante un partido.

El objetivo principal es resaltar el papel protagónico de cada jugador en el terreno de juego. La máxima de este estilo de juego es que once trabajos individuales bien realizados equivalen a un equipo competitivo. Sin embargo, aspiramos a aumentar este número a 15 o 16 jugadores para lograr un equipo ganador. Para una comprensión visual y detallada, te invitamos a consultar el siguiente video explicativo a través del código QR:

ACCEDE AL VIDEO

65

PUNTOS CLAVE DEL JUEGO VERTICAL

Entrenamiento específico.

Clave para plasmar este estilo de juego en el terreno de juego durante los partidos. En estos entrenamientos, los jugadores deben desarrollar habilidades individuales para mejorar personalmente, así como coordinación y comunicación grupal para establecer automatismos, y resistencia para prepararse físicamente para ejecutar eficazmente este estilo.

Durante estos entrenamientos, nuestros jugadores deben adquirir la intensidad, velocidad y coordinación necesarias para implementar este estilo de juego a lo largo de los 90 minutos de un partido. Es fundamental incluir situaciones de entrenamiento que pongan a nuestros jugadores bajo presión y requieran adaptación táctica, proporcionándoles experiencias y herramientas para enfrentar y superar los desafíos tácticos y físicos que el equipo rival planteará durante los partidos.

Roles definidos.

Aquí, no solo importa el papel natural de cada jugador (por ejemplo, jugar como lateral o mediocentro), sino que también es crucial implantar con claridad y coherencia las funciones que cada uno debe desempeñar dentro del equipo según la situación del partido. En esta coherencia radica el éxito o el fracaso de la implementación de este estilo de juego. Es necesario que los jugadores se familiaricen con varias posiciones y las funciones que deben cumplir para que el juego fluya de manera espectacular.

Al asignar roles específicos, se logra una comprensión compartida de las responsabilidades individuales y colectivas durante el juego vertical. Esta claridad facilita la coordinación entre los jugadores, asegurando que todos contribuyan de manera sincronizada tanto en el trabajo ofensivo como en el defensivo. Además, ayuda a prevenir confusiones tácticas y malentendidos tanto en la defensa como en el ataque, ya que cada jugador sabe lo que se espera de él en situaciones específicas del juego. Es importante tener en cuenta las transiciones, ya que una mala sincronización en estas fases del juego puede dejar espacios y carriles descubiertos que el rival puede aprovechar.

Condición física.

La condición física es esencial para implantar el estilo de juego vertical debido a su énfasis en la intensidad, velocidad y ritmo alto de juego. Es importante recordar que cuando utilizamos este estilo de juego, solemos emplear marca individual en todo el campo.

Esta forma de jugar requiere que los jugadores realicen numerosos sprints, cambios de dirección y presiones constantes sobre el equipo contrario. Además, mantener un ritmo alto en la ofensiva implica carreras de alta intensidad en todo momento.

Una buena condición física garantizará que nuestros jugadores puedan mantener un alto nivel de rendimiento a lo largo del partido, recuperándose rápidamente entre esfuerzos intensos y adaptándose a situaciones dinámicas en el campo. El equipo no tiene permitido bajar el ritmo y caminar. La capacidad cardiovascular, la velocidad, la explosividad y la resistencia son aspectos clave que contribuirán al éxito del estilo de juego.

Cultura ofensiva.

Debemos inculcar en nuestros jugadores y equipo una mentalidad ofensiva que busque activamente oportunidades de gol, manteniendo la posesión para hacer daño al rival desde el momento en que tengamos el balón y siendo agresivos en el ataque. Esta mentalidad está estrechamente relacionada con la adaptabilidad constante del equipo a las situaciones del juego, sabiendo dónde y cuándo se puede hacer daño al adversario y qué carril es el más propicio para crear ocasiones de gol.

La variedad en la fase ofensiva es crucial para hacer que nuestro equipo sea menos predecible para el rival, lo que dificulta una defensa efectiva por parte del oponente. Debemos potenciar y aprovechar las habilidades individuales de nuestros jugadores en esta variedad ofensiva. Al presentar diferentes amenazas, desgastamos al equipo contrario y creamos espacios para la penetración de nuestros jugadores atacantes. En resumen, esto crea un juego más atractivo para nuestros jugadores, nuestra hinchada y nuestra afición.

Presión desde todas las posiciones.

Cuando buscamos implementar este estilo de juego, es crucial comprender que su éxito depende de que todos los jugadores, desde todas las posiciones, ejerzan presión para garantizar la máxima cohesión y efectividad del equipo. La capacidad de presionar y recuperar el balón desde cualquier posición en el campo amplía las opciones tácticas y mejora la capacidad del equipo para mantener la presión sobre el oponente.

Esta presión recae en todos los jugadores, reforzando el concepto de equipo y solidaridad, ya que cada uno asume la responsabilidad defensiva y contribuye al esfuerzo colectivo.

Un aspecto importante a considerar es la aplicación de una presión constante sobre el oponente. Al hacerlo, buscamos limitar sus opciones de pase, forzar errores y pérdidas de balón, lo que nos permite recuperar la posesión y generar oportunidades de ataque de manera inmediata. Si se ejecuta adecuadamente, nuestro equipo mantendrá un ritmo rápido y agresivo en el robo de balón, lo que afectará al equipo rival, impidiéndole desarrollar su fútbol de ataque habitual.

En resumen, este concepto está intrínsecamente ligado al juego vertical, ya que cuanto más rápido y cerca de la portería rival recuperemos el balón, más cerca estaremos de marcar un gol y ser más competitivos.

Variabilidad táctica durante los encuentros.

La idea es enfrentarnos al rival en las mejores condiciones posibles, y un elemento clave para ello es la formación que vamos a utilizar, tanto en lo ofensivo como en lo defensivo. Aunque tengamos claro nuestro estilo de juego, necesitamos una formación específica que nos permita desarrollar ese estilo al máximo.

Es importante ajustar nuestra formación en función de los movimientos del rival para mantenernos equilibrados tanto en la fase ofensiva como en la defensiva, buscando siempre estar en ventaja. Esto implica mover a nuestros jugadores de posición y rol para que estén cómodos y encuentren los espacios necesarios para dañar al rival o para recuperar el balón rápidamente y volver a atacar. Por ejemplo, podemos bajar a nuestro mediocentro a la línea de centrales para defender, convirtiéndolo en el jugador líbero y equilibrando así al equipo defensivamente, o utilizarlo como jugador clave en la salida de balón.

Además, es importante destacar la importancia de los automatismos. A menudo, se piensa que los automatismos hacen que los jugadores se conviertan en robots y pierdan su creatividad, pero en realidad, los automatismos consisten en saber dónde se encuentran nuestros compañeros en todo momento y cómo van a reaccionar en diferentes situaciones del juego, gracias al entrenamiento previo durante las semanas. Aquí radica el éxito de este punto.

Finalmente, es fundamental educar a nuestros jugadores sobre los principios tácticos del juego vertical, como la movilidad, la creación y ocupación de espacios, los pases profundos para romper líneas defensivas, la finalización y la presión intensa y agresiva tras la pérdida de balón, utilizando incluso la marca individual si es necesario. Esto garantizará que nuestro equipo esté bien preparado para implementar nuestro estilo de juego de manera efectiva.

Estudio detallado del rival.

Nos proporciona información valiosa que nos permite planificar estrategias específicas y tomar decisiones tácticas fundamentadas tanto para la semana de entrenamiento como para el propio partido. Comprender a fondo las fortalezas y debilidades del rival nos permite diseñar tácticas para aprovechar sus vulnerabilidades, siempre con el objetivo de generar oportunidades de ataque.Recuerda que, un estudio detallado del rival nos permite ajustar nuestra táctica y movimientos durante el partido para causar daño al adversario y evitar que juegue cómodo. El objetivo final es minimizar las sorpresas durante el partido y maximizar la capacidad de nuestro equipo para controlar al rival y el ritmo del juego, asegurándonos de que se juegue según nuestras preferencias tácticas.

Creer en la idea.

Para poder implantar este estilo de juego en nuestro equipo, es imprescindible que tus jugadores, **y me refiero a todos,** crean en la idea. Este estilo demandará un gran compromiso, mucho trabajo duro, muchas carreras de alta intensidad, pero a cambio ofrecerá la posibilidad de jugar un fútbol con numerosas llegadas y atractivo tanto para los jugadores como para la afición.

Es importante entender que este estilo requiere tiempo y constancia, dos elementos que a menudo no tienen cabida en el fútbol actual. Si los jugadores no respaldan al entrenador desde el principio, incluso ante los obstáculos más pequeños, la idea puede desvanecerse. Por eso, es necesario contar con jugadores que sean leales a la idea y que comprendan que a largo plazo es el estilo perfecto para lograr victorias y ser competitivos. Un ejemplo notable es el Bournemouth de Iraola, que comenzó su andadura en la Premier League sin ganar los primeros 9 partidos, pero sus jugadores creyeron en la idea, engancharon 7 partidos sin perder y actualmente se encuentran en la mitad de la tabla, jugando un fútbol vistoso y obteniendo resultados.

Conclusión: para este tipo de estilo de juego, **no cualquier jugador sirve.** Se necesitan jugadores con ganas de progresar, ya que al creer en la idea, los jugadores mejoran en su rendimiento al asumir más responsabilidades y ser más protagonistas. También se requiere que estén dispuestos a correr, mentalizados en mantener una intensidad alta durante los 90 minutos de juego. Además, deben estar dispuestos a atacar y defender, ya que si se implanta correctamente el estilo de juego, los jugadores tendrán numerosas oportunidades en ambas fases del juego.

Elementos Clave para Implantar el Estilo de Juego Vertical.

Espacio = Tiempo = Calidad = Valentía = Profundidad

Cuanto más espacio tenga nuestro jugador, más tiempo tendrá para dominar el balón y tomar la decisión más correcta, lo que ayudará a ejecutar la acción con calidad y podrá contactar con otro compañero en una zona privilegiada para él y peligrosa para el rival (pase en profundidad).

Recalcar el concepto de valentía en nuestro estilo de juego, ya que los pases que intentamos muchas veces son difíciles de ejecutar y pueden resultar erróneos. Los jugadores deben aceptar estos errores sin frustrarse teniendo la valentía de intentarlo de nuevo cuando se presente la oportunidad. Es importante minimizar estos errores para evitar que el rival anote gol o genere una ocasión peligrosa.

En resumen, cuando un jugador de nuestro equipo tiene el balón en su posesión, debe llevar a cabo tres acciones: "ver, percibir y ejecutar". Para lograr esto, los compañeros de equipo deben facilitarle el trabajo mediante movimientos continuos entre las líneas defensivas y estar disponibles para recibir el pase sin problemas.

Un ejemplo sencillo que ilustra este concepto:

Ventajas y errores más comunes al utilizar el juego vertical.

VENTAJAS DE UTILIZAR EL JUEGO VERTICAL DE MANERA ADECUADA

- Presión e intensidad constante: Al mantener esto nuestro equipo dificulta que el rival ataque de la forma habitual, muchas veces improvisando sus ataques.

- Creación de superioridad numérica: Al ser verticales y acertar con los pases en profundidad, podemos dejar al rival en inferioridad numérica o desorganizado, lo que nos permite aprovechar los espacios y carriles encontrados.

- Desarrollo individual y colectivo: Este estilo de juego fomenta el desarrollo tanto individual como colectivo de los jugadores, mejorando sus habilidades técnicas y su comprensión táctica.

- Superioridad física en la segunda mitad del partido: Si la condición física es adecuada, a partir del minuto 70 del partido, nuestro equipo puede mostrar una superioridad sobre el rival, ya que este no está acostumbrado a jugar a ese nivel de intensidad durante tanto tiempo. El desgaste físico del rival en estos momentos suele ser muy alto, lo que nos brinda una oportunidad para capitalizarlo.

- Aprovechamiento de errores del rival: La presión bien realizada nos permite aprovechar los errores del rival, dejándolo desorganizado y abriendo pasillos libres para atacar de manera efectiva.

- Amplia variedad de opciones de pase: Con un gran número de opciones de pases y jugadores posicionados de manera inteligente en el campo, podemos conectar con ellos de manera sencilla y rápida, progresando eficientemente en la jugada de ataque.

- Generación de respeto y admiración: Un estilo de juego reconocible provoca en el adversario un respeto y admiración hacia nuestro equipo, lo que puede ser beneficioso para nosotros.

- Conexión con la afición: Se genera un ambiente de apoyo que influye positivamente en el rendimiento del equipo, convirtiendo a la hinchada en el jugador número doce. La emoción y el apoyo de los aficionados en cada jugada contribuyen al espectáculo y motivan al equipo a dar lo mejor de sí en el campo.

ERRORES COMUNES QUE DIFICULTAN UN JUEGO VERTICAL EFICIENTE

- Desgaste físico excesivo: Un desgaste físico grande en nuestros jugadores en cada partido puede contribuir a lesiones o fatiga acumulada a lo largo de la temporada, lo que puede afectar el rendimiento del equipo en las segundas vueltas de los torneos.

- Vulnerabilidad en los contraataques: Si el rival logra superar la primera línea de presión, nuestro equipo puede quedar expuesto a contraataques, ya que pueden encontrar espacios y carriles que, si no se organizan de manera rápida, pueden conducir a ocasiones de gol claras en nuestra contra.

- Riesgo de pérdida en zonas peligrosas: El uso frecuente de pases profundos puede aumentar el riesgo de pérdida de posesión en zonas peligrosas del campo, lo que puede ser aprovechado por el rival para generar oportunidades de gol.

- Falta de variabilidad en el trabajo ofensivo: Si no se trabaja la variabilidad en el trabajo ofensivo, nuestro equipo puede volverse predecible tácticamente, lo que facilita al rival anular nuestros intentos de ataque al estudiar y contrarrestar nuestro estilo de juego.

- Dependencia de jugadores específicos: La necesidad de contar con jugadores específicos para ejecutar este estilo de juego puede limitar su implementación si no se dispone de los futbolistas adecuados, lo que puede afectar la efectividad del equipo en su conjunto.

- Falta de paciencia: La falta de paciencia por parte de la hinchada, los dirigentes o incluso los propios jugadores puede ser un obstáculo, ya que este estilo de juego requiere tiempo para desarrollarse y dar resultados consistentes. En un entorno donde se demandan resultados inmediatos, esta falta de paciencia puede afectar negativamente la implementación y el éxito del estilo de juego vertical.

CÓMO ENTRENAR EL JUEGO VERTICAL

En la preparación de sesiones y tareas de entrenamiento para implantar el estilo de juego vertical, debes considerar los siguientes aspectos:

1. ASPECTOS TÁCTICOS:

- Movimiento y posicionamiento dinámico: Diseñar tareas que enseñen a los jugadores a moverse y asociarse en el campo, adaptándose a diferentes situaciones de juego. Practicar los patrones de juego específicos para mejorar la comprensión táctica y la coordinación entre los jugadores. (muy importante crear los automatismos)
- Presión y recuperación rápida: Implementar ejercicios de presión alta para mejorar la capacidad del equipo para robar el balón al adversario de manera efectiva, tanto individualmente como en grupo.
- Ataque vertical: Crear situaciones de entrenamiento que fomenten la verticalidad en las acciones ofensivas, promoviendo la toma de decisiones rápida y la ejecución precisa en las situaciones de ataque.
- Adaptabilidad táctica: Simular diferentes situaciones de partido en las sesiones tácticas para mejorar la capacidad del equipo para adaptarse a las circunstancias cambiantes durante el juego.
- Finalización de jugadas: Incorporar ejercicios específicos de finalización que reproduzcan situaciones reales de juego, como tiros a portería, remates y centros, para mejorar la precisión y habilidad de los jugadores en estas situaciones.

2. ASPECTOS FÍSICOS

- Preparación física rigurosa: Implementar un programa de entrenamiento físico intensivo que mejore la resistencia, fuerza, velocidad y agilidad de los jugadores. Incorporar tareas y ejercicios de alta intensidad que reproduzcan las demandas físicas que se necesita para implantar este estilo de juego durante todo el partido.
- Recuperación y prevención de lesiones: Integrar programas de recuperación activa y prevención de lesiones para minimizar el riesgo de lesiones y mantener la salud física de los jugadores durante toda la temporada.

3. ASPECTOS INDIVIDUALES (TECNIFICACIÓN)

- Mejora del pase: Diseñar ejercicios para trabajar diferentes tipos de pases y el golpeo con diferentes partes del pie.
- Mejora del disparo: Crear tareas para mejorar la precisión y efectividad en el disparo, tanto de corta, media y larga distancia, así como el remate de cabeza.
- Mejora de la recepción y control orientado: Integrar ejercicios para mejorar la recepción del balón y el control orientado, permitiendo a los jugadores controlar el balón en situaciones de presión.
- Mejora del desmarque: Diseñar ejercicios para enseñar a los jugadores cómo desmarcarse en diferentes situaciones de juego y qué movimientos realizar para recibir el balón en las mejores condiciones.
- Mejora del robo: Implementar ejercicios que enseñen a los jugadores a defender en diferentes situaciones del juego, mejorando su capacidad para recuperar el balón.

4. ASPECTOS PSICOLÓGICOS:

- Mentalidad competitiva: Crear un ambiente competitivo en cada sesión de entrenamiento, fomentando la concentración y la intensidad en todas las actividades.
- Resiliencia y paciencia: Integrar tareas que desafíen a los jugadores y les permitan superar situaciones adversas, desarrollando su capacidad para sobreponerse a la presión y mantener la calma en momentos difíciles.

- **ASPECTOS A TENER EN CUENTA CUANDO ESTAMOS REALIZANDO UN ATAQUE ORGANIZADO CON EL ESTILO DE JUEGO VERTICAL.**

- **Rapidez:** La primera opción debe ser lanzar un ataque rápido y vertical tras recuperar el balón. Si esto no es posible, los jugadores deben posicionarse inteligentemente y circular el balón para encontrar al compañero libre en la siguiente línea de juego.
- **Movimiento constante:** Los jugadores deben moverse constantemente para crear y ocupar espacios a la espalda del rival, facilitando así la progresión del juego.
- **Coordinación entre líneas y paciencia:** Las líneas de defensa, mediocampo y ataque deben estar coordinadas y que los jugadores sepan cuándo desmarcarse y moverse, así como cuándo tener paciencia para conectar con ellos en el momento oportuno.
- **Verticalidad:** Los pases verticales y los desplazamientos hacia el frente para hacer daño al rival y avanzar en el juego.
- **Amplitud:** Ampliar el campo durante el ataque abre espacios en el centro y permite circular el balón peligrosamente

- **Participación de muchos jugadores:** Involucrar a varios jugadores en la construcción del juego y en los ataques aumenta la peligrosidad del equipo.
- **Finalización rápida:** Es fundamental tomar decisiones rápidas frente a portería para aprovechar las oportunidades de gol y evitar contraataques del rival.
- **Rotación de posiciones:** Los jugadores deben moverse en diferentes posiciones para desorientar a la defensa y crear espacios para ser atacados por los compañeros.
- **Conexión con el área rival:** El objetivo principal es crear oportunidades de gol, por lo que se debe buscar hacer daño al rival en todo momento.
- **Ritmo alto durante todo el ataque:** Mantener una intensidad constante puede desgastar a la defensa rival y generar oportunidades de gol.
- **Desplazamiento con sentido:** Mover la pelota con un sentido claro, rompiendo líneas defensivas a través del pase, es crucial para mantener el control del juego.
- **Presión alta tras pérdida:** Es vital presionar rápidamente tras perder el balón para robarlo de nuevo y seguir atacando.
- **Atención a la segunda jugada:** Ganar las caídas y segundas jugadas es fundamental para crear oportunidades de gol y mantener la presión sobre el rival. Los jugadores deben estar bien colocados y saber cómo actuar en estas situaciones.

ASPECTOS A TENER EN CUENTA CUANDO ESTAMOS REALIZANDO UNA DEFENSA ORGANIZADA CON EL JUEGO VERTICAL.

- **Presión alta:** Se realizará una defensa organizada en bloque alto para evitar que el equipo rival tenga tiempo para construir jugadas y se vea obligado a jugar de manera diferente a lo habitual.
- **Intensidad y agresividad colectiva:** Todo el equipo trabajará con energía y determinación en la presión, con el objetivo de robar la posesión al equipo rival y poder atacar de nuevo con la misma agresividad e intensidad.
- **Línea defensiva adelantada:** Mantener una línea defensiva adelantada ayuda a reducir el espacio entre líneas y limita al equipo contrario, haciéndolo más previsible en sus ataques.
- **Movimiento colectivo (automatismos defensivos):** Deben estar bien trabajados para equilibrarse y defender eficazmente durante la presión alta y la cobertura de espacios.
- **Cobertura y compensación:** Los jugadores deben cubrirse mutuamente y compensar cualquier espacio dejado por un compañero para mantener el equilibrio defensivo y evitar fisuras en la línea defensiva.
- **Concentración y disciplina táctica:** Los jugadores deben enfocarse en sus roles y seguir las instrucciones tácticas del entrenador para evitar que el rival pueda superar la defensa.
- **Rápida transición defensa-ataque (Contraataque):** Aunque es un aspecto más relacionado con el ataque, la rápida transición defensa-ataque es necesaria para robar el balón y atacar al equipo rival desorganizado. El equipo debe estar preparado para aprovechar estas oportunidades de contraataque.

TAREAS A REALIZAR EN TUS ENTRENAMIENTOS PARA IMPLANTAR EL ESTILO DE JUEGO VERTICAL.

Para implementar el estilo de juego vertical en tus entrenamientos, puedes organizar las actividades en tres categorías principales:

Ejercicios Correctivos:

- Rueda de Pases
- Específicas Técnicas
- Finalizaciones
- Tecnificación (Control de Balón y Pase y Recepción)

Juegos Correctivos:

- Rondos
- Juegos de Posesión
- Juegos de Presión
- Juegos Reducidos

Partidos:

- Ataque – Defensa
- Defensa – Ataque
- Mini Partidos
- Partidos Condicionados
- Situaciones de Partido
- Partidos Doble Área

Cada una de estas categorías contribuye al desarrollo de las habilidades necesarias para el juego de posición.

1 . 4

JUEGO
DIRECTO

1.4 ¿QUÉ ES EL JUEGO DIRECTO?

El estilo de juego directo en el fútbol **es una estrategia táctica que se centra en avanzar rápidamente hacia la portería contraria mediante el envío de balones hacia adelante mediante pases largos o medios, buscando sorprender a la defensa contraria y creando situaciones de gol al enviar balones a las espaldas de los rivales.** También se utiliza el contraataque para avanzar rápidamente hacia la portería rival sin realizar muchos pases, aprovechando la posible desorganización de la defensa contraria.

El énfasis de este estilo de juego está en la velocidad, la verticalidad y la eficiencia en la transición entre la defensa y el ataque, requiriendo jugadores con buen golpeo largo, habilidades atléticas y velocidad, así como una sólida coordinación entre las líneas del equipo. Aunque esta estrategia se basa en la simplicidad y la velocidad para generar oportunidades de gol, su ejecución correcta puede resultar difícil.

Importante posicionar estratégicamente a los jugadores en el campo, creando opciones de pase y colocando a jugadores para ganar los rebotes y poder atacar a partir de ellos. La clave está en asociarse de manera inteligente después de ganar esos duelos individuales.

En el juego directo, cada jugador tiene una responsabilidad directa (con el balón) o indirecta (sin el balón).

- Los jugadores con el balón deben evitar la pérdida de posesión y encontrar al compañero enviándole un pase medio o largo en las mejores condiciones para él, ya sea buscándolo directamente o en el espacio.
- Los jugadores sin el balón cerca del posible lanzador del pase de media o larga distancia deben dar opciones de pase válidas para su compañero, mientras que los jugadores sin el balón alejados del posible receptor deben acercarse a él para ganar posibles rebotes y poder asociarse para continuar con el ataque.

En resumen, el juego directo es un estilo que prioriza el trabajo en equipo, la calidad de los pases de media y larga distancia, el juego aéreo y la intensidad para ganar duelos individuales y rebotes, así como la colocación para anticipar lo que puede ocurrir en dichas situaciones.

LA IMPORTANCIA DEL JUEGO DIRECTO

1. Romper líneas defensivas
Los pases de media y larga distancia pueden ser eficaces para romper líneas defensivas compactas y bien organizadas. Estos pases pueden superar fácilmente la presión alta del equipo contrario y alcanzar directamente a jugadores en posiciones avanzadas del campo. Además, al emplear pases diagonales, también de media o larga distancia, se dificulta el trabajo defensivo del rival al romper el fuera de juego, lo que facilita la creación de oportunidades de gol.

2. Crear oportunidades de gol
Un pase bien ejecutado de media o larga distancia puede situar directamente a un delantero en posición de disparo frente a portería rival, aumentando las posibilidades de

marcar sin necesidad de elaboradas jugadas de construcción desde la defensa o el centro del campo.

3. Aprovechar la velocidad y habilidad de los atacantes
Los balones largos son especialmente efectivos cuando se cuenta con atacantes rápidos y habilidosos que pueden anticipar y controlar estos pases para crear oportunidades de gol. Además, los atacantes con dominio del juego aéreo pueden ganar duelos individuales, bajar el balón y aprovechar estos pases para generar ocasiones de gol. Asimismo, si se dispone de atacantes con buen poderío físico, este tipo de pases resulta útil.

4. Cambiar el ritmo de juego
Los pases de media y larga distancia pueden ser una herramienta efectiva para cambiar el ritmo del juego, manteniendo a la defensa contraria en constante alerta y evitando que se acomoden en una posición cómoda.

5. Salir de situaciones de presión
Cuando un equipo se encuentra bajo presión en su propia mitad del campo, un balón largo hacia adelante puede aliviar esa presión al llevar el juego hacia el campo contrario y permitir que el equipo se reorganice defensivamente.

6. Aprovechar la altura y fuerza física de los jugadores
Los balones largos pueden ser utilizados estratégicamente para aprovechar la altura y la fuerza física de ciertos jugadores, como los delanteros o los extremos, que pueden ganar duelos aéreos y generar oportunidades de gol a partir de esos balones.

7. Atracción de oponentes

Mediante el uso efectivo del juego directo, un equipo puede atraer la atención de la defensa contraria hacia el frente, lo que puede abrir espacios en otras áreas del campo para la creación de jugadas, aprovechando la presión alta del equipo contrario y atacando su espalda con balones largos dirigidos.

ELEMENTOS CLAVE PARA DOMINAR EL JUEGO DIRECTO

Cuando asumimos la responsabilidad de un equipo y deseamos implementar un estilo de juego centrado en el juego directo, debemos prestar atención constantemente a estos elementos fundamentales:

1. Precisión en el pase

Es fundamental que los jugadores ejecuten los pases medios y largos con precisión, requiriendo una técnica adecuada en el golpeo del balón y una percepción espacial para calcular la distancia y la fuerza necesaria en cada pase.

2. Visión de juego

Los jugadores encargados de realizar los pases deben tener una excelente visión de juego, identificando rápidamente las oportunidades de pase y anticipando los movimientos de sus compañeros y oponentes para encontrar espacios abiertos.

3. Toma de decisiones rápidas:

En situaciones de juego rápido, los jugadores deben tomar decisiones rápidas y precisas sobre cuándo y dónde realizar un pase medio o largo, evaluando constantemente las opciones disponibles y ejecutando la mejor jugada en función de la situación.

4. Movimiento sin balón
Los receptores de los pases deben tener una excelente capacidad de movimiento sin balón, anticipando los pases de sus compañeros y posicionándose de manera óptima para recibir el balón en espacios abiertos.

5. Control de balón
Fundamental que los receptores tengan un buen control del balón, siendo capaces de controlarlo rápidamente y mantener la posesión en situaciones de presión, así como realizar jugadas ofensivas una vez que reciben el balón.

6. Conexión entre líneas
Es importante que haya una buena conexión entre las diferentes líneas del equipo para que los pases medios y largos sean efectivos, con jugadores capaces de leer el juego y realizar pases precisos para conectar las diferentes partes del campo.

7. Fuerza y agresividad en el juego aéreo
Los jugadores deben ser fuertes y agresivos en el juego aéreo, posicionándose adecuadamente y utilizando su cuerpo para ganar los duelos individuales.

8. Técnica en el juego aéreo
Desarrollar una buena técnica en el juego aéreo, incluyendo el tiempo de salto, la dirección del cabezazo y la anticipación de la trayectoria del balón, es crucial para aprovechar al máximo los pases largos.

9. Inteligencia táctica

Los jugadores deben tener inteligencia táctica para anticipar las jugadas, posicionarse estratégicamente y tomar decisiones rápidas en el campo.

10. Capacidad para prolongar y controlar el balón

En situaciones de juego aéreo, los jugadores deben ser capaces de prolongar el balón hacia compañeros cercanos o controlar su caída con habilidad para mantener la posesión y generar oportunidades de ataque.

11. Reacción rápida en las segundas jugadas

Después de un duelo aéreo o una prolongación, los jugadores deben reaccionar rápidamente para ganar las segundas jugadas y aprovechar las oportunidades de ataque.

12. Mantener en alerta al equipo rival

Debes mantener al equipo rival en alerta en todo momento, manteniendo la posibilidad de contraatacar rápidamente y aprovechar los espacios que puedan surgir.

13. Desmarques de ruptura

Los atacantes deben realizar desmarques de ruptura en el momento adecuado para recibir los pases largos y ganar la espalda de los defensores, creando oportunidades de gol.

Finalidad:

La finalidad de utilizar el estilo de juego directo en el fútbol es principalmente anotar goles y ganar partidos. Sin embargo, también existe un objetivo secundario: mantener al equipo organizado tanto en defensa como en ataque.

La finalidad de este estilo de juego radica en aprovechar la velocidad, la verticalidad y la eficiencia en la transición entre la defensa y el ataque para generar oportunidades de gol de manera rápida y directa. En un contexto donde el fútbol se ha vuelto cada vez más dinámico y físico, el juego directo permite a los equipos desequilibrar a sus oponentes con ataques rápidos y verticales, evitando la elaboración excesiva en el centro del campo y buscando llegar al área rival lo más rápido posible.

Sin olvidar que debemos mantener un equilibrio defensivo, por lo que el equipo se posicionará en bloque medio o bajo para evitar que el equipo contrario nos cause daño, mientras nosotros aprovechamos los espacios a su espalda para realizar contraataques efectivos.

Al utilizar los pases medios y largos de manera efectiva, un equipo puede sorprender a su oponente, desequilibrar la estructura defensiva y aumentar las posibilidades de marcar goles.

Objetivo principal: convertir al equipo en un bloque sin fisuras y, al recuperar el balón, saber atacar los espacios que hay a la espalda del rival mediante pases largos o medios directos, aprovechando el dominio del juego aéreo y los desmarques de rupturas.

La clave de este estilo de juego radica en la compenetración entre la línea defensiva y ofensiva, donde cada jugador tiene claramente definido su rol y sus funciones. Si se logra unir de manera efectiva, se conseguirá un equipo competitivo y ganador.

Para una comprensión visual y detallada, te invitamos a consultar el siguiente video explicativo a través del código QR adjunto.

ACCEDE AL VIDEO

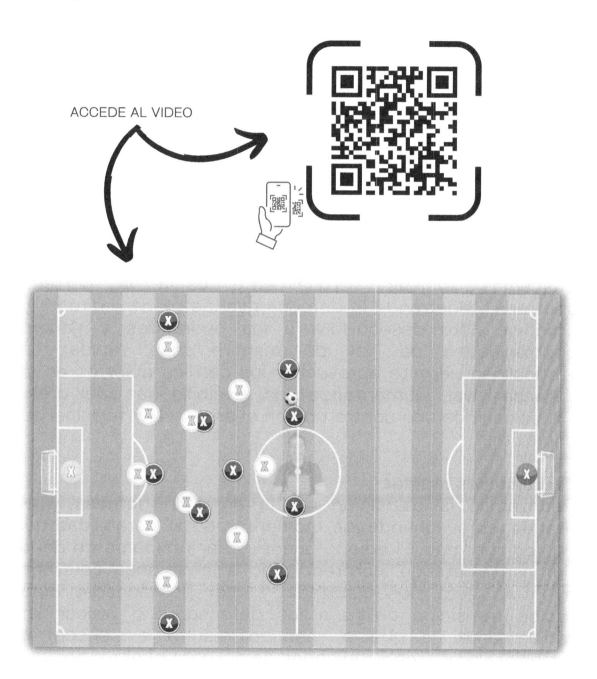

PUNTOS CLAVE DEL JUEGO DIRECTO

Velocidad

Poner énfasis en jugar rápidamente hacia adelante para hacer daño al rival. La velocidad permite desequilibrar a la defensa contraria, ya que cuando un equipo juega de manera rápida y directa, los adversarios tienen menos tiempo para reaccionar y ajustarse defensivamente. Esto permite a los jugadores moverse rápidamente hacia el área rival, aprovechando los espacios creados antes de que los defensores puedan llegar a bloquear dichos carriles.

Verticalidad

Buscamos avanzar verticalmente hacia la portería contraria, penetrando la defensa rival de manera directa y efectiva. Esto desequilibra a los oponentes y genera oportunidades de gol de manera más rápida. La verticalidad permite aprovechar los carriles abiertos en la defensa rival, aumentando las posibilidades de crear situaciones de uno contra uno en el área rival y terminarlas con éxito.

Transiciones rápidas

Priorizamos la transición rápida entre la defensa y el ataque, aprovechando los momentos de vulnerabilidad del equipo contrario. El equipo puede pasar rápidamente de la defensa al ataque, sorprendiendo a la defensa contraria mientras está desorganizada y mal posicionada. Esta rápida transición obliga a los defensores a reaccionar rápidamente, lo que a menudo resulta en encontrar espacios libres y oportunidades de gol para nuestro equipo.

La capacidad de ejecutar transiciones rápidas también impide que el equipo contrario tenga tiempo para reorganizarse defensivamente, aumentando las posibilidades de éxito en la creación y finalización de jugadas de ataque.

Pases largos y directos

Se emplean para avanzar rápidamente por el campo, evitando elaboraciones y utilizando pases precisos para finalizar con claridad una jugada de ataque. Estos pases pueden sorprender a la defensa contraria al superar líneas defensivas compactas y organizadas, creando oportunidades de gol de manera directa y eficiente. Al evitar elaboraciones innecesarias, los pases largos y directos pueden aprovechar los espacios creados en la defensa rival y desequilibrar a los rivales, aumentando las posibilidades de generar situaciones de uno contra uno en el área rival. Además, estos pases pueden aprovechar la velocidad y la fuerza física de nuestros atacantes, permitiéndoles llegar rápidamente a posiciones de tiro en el área contraria.

Aprovechamiento de espacios

Se busca explotar los espacios vacíos en la defensa contraria mediante desplazamientos directos. Al jugar de manera directa y vertical, nuestro equipo busca avanzar rápidamente hacia la portería rival, lo que requiere una buena comprensión de cómo aprovechar los espacios disponibles en el campo. Encontrar y utilizar estos espacios creados permite a nuestro equipo desequilibrar a la defensa contraria, creando oportunidades de gol y aumentando las posibilidades de éxito en la finalización de las jugadas.

Además, el aprovechamiento de espacio puede permitir que los jugadores se posicionen estratégicamente para recibir pases y ejecutar jugadas ofensivas con mayor eficacia.

Énfasis en la eficiencia

Se busca maximizar la efectividad de cada oportunidad de ataque. Al jugar de manera directa y rápida, nuestro equipo requiere menos tiempo para elaborar jugadas complejas, por lo que es fundamental que cada movimiento y pase se realice con precisión y propósito. La eficiencia en el estilo de juego directo permite al equipo aprovechar al máximo las oportunidades de gol generadas durante los ataques rápidos y verticales, minimizando el riesgo de pérdida de balón en zonas peligrosas y maximizando las posibilidades de marcar.

El uso de la velocidad y la fuerza física de los jugadores

Fundamental para desequilibrar a la defensa contraria y generar oportunidades de gol.

La velocidad permite a los jugadores desplazarse rápidamente hacia adelante, superar a los defensores y llegar rápidamente a posiciones de tiro en el área contraria. Esto facilita la ejecución de contraataques rápidos y la creación de situaciones de uno contra uno que pueden resultar en goles o en oportunidades de gol. Además, la fuerza física de los jugadores les permite ganar duelos individuales, especialmente en el juego aéreo, lo que puede ser útil para aprovechar pases largos y directos y para generar oportunidades de gol a partir de prolongaciones que nuestros jugadores veloces pueden aprovechar.

Ataque directo desde la defensa

Permite al equipo iniciar rápidamente jugadas ofensivas desde la parte trasera del campo. Al jugar de manera directa desde la defensa, el equipo puede sorprender a la defensa contraria y avanzar rápidamente hacia el área rival, evitando elaboraciones innecesarias en el centro del campo. Además, el ataque directo desde la defensa puede aprovechar la habilidad de nuestros defensores y nuestro portero para realizar pases largos y precisos, lo que facilita la creación de oportunidades de gol y aumenta las posibilidades de éxito en la finalización de las jugadas.

Mentalidad ofensiva

Impulsa al equipo a buscar constantemente oportunidades de ataque y a tener una actitud decidida hacia el gol. Con una mentalidad ofensiva, los jugadores están motivados para tomar riesgos calculados y para ser agresivos en la búsqueda de marcar goles. Esto significa que están dispuestos a ejecutar pases verticales y directos, a realizar desmarques hacia el área rival y a finalizar las jugadas con determinación. Una mentalidad ofensiva también puede inspirar confianza en el equipo, lo que puede ser importante para mantener la presión sobre la defensa contraria y para capitalizar las oportunidades de gol que se presenten.

Trabajo en equipo

Permite a los jugadores coordinarse de manera efectiva para ejecutar jugadas ofensivas rápidas y eficientes. Al trabajar juntos como un equipo cohesionado, nuestros jugadores pueden anticipar y aprovechar los espacios creados en la defensa contraria, realizar pases precisos y desmarques efectivos, y finalizar las jugadas con éxito.

Además, el trabajo en equipo fomenta la comunicación entre los jugadores, esencial para coordinar los movimientos durante los ataques rápidos y para tomar decisiones tácticas en tiempo real.

Precisión en el pase

Garantiza que el balón llegue con exactitud a los compañeros de nuestro equipo en posiciones avanzadas del campo. Al jugar de manera directa, el equipo depende en gran medida de la precisión en el pase para que esos balones largos lleguen en buenas condiciones a nuestros atacantes y puedan avanzar hacia el área rival y crear oportunidades de gol. Los pases precisos permiten evitar la pérdida de balón y son fundamentales para superar líneas defensivas compactas y organizadas, ya que un pase mal ejecutado puede ser interceptado por los defensores contrarios y frustrar el avance del equipo.

Aprovechamiento de la altura y el físico (si tenemos los jugadores adecuados)

Permite al equipo capitalizar las jugadas aéreas y ganar duelos físicos en el área contraria. Al jugar de manera directa, el equipo puede buscar aprovechar la altura y el físico de sus jugadores, especialmente cuando necesitemos abusar del juego largo o despejes orientados.

Los jugadores altos y físicamente fuertes pueden tener ventaja en los duelos aéreos, lo que les permite ganar cabezazos y generar oportunidades de gol para nuestro equipo. Además, el aprovechamiento de la altura y el físico puede ayudar a nuestro equipo a mantener la posesión del balón en situaciones de peligro, permitiendo prolongar jugadas y crear oportunidades adicionales de gol.

Defensa organizada

Proporciona una base sólida desde la cual iniciar ataques rápidos y efectivos. Al tener una defensa bien organizada, el equipo puede recuperar el balón de manera eficiente y evitar contraataques del equipo contrario. Además, una defensa organizada puede ayudar al equipo a minimizar el riesgo de pérdida de balón en zonas peligrosas, reduciendo las posibilidades de que el equipo contrario cree oportunidades de gol y ayudándonos a estar preparados para lanzar contraataques efectivos tras el robo de balón.

Conclusión:

Para este tipo de estilo de juego no cualquier jugador es apto; se requiere de jugadores específicos en cada posición.

En la zona de atrás, desde el portero hasta los mediocampistas defensivos, se necesitan jugadores con buen golpeo de media y larga distancia, capaces de iniciar ataques rápidos y precisos. Además, se necesitan jugadores rápidos y ágiles, con potencia y habilidad en el uno contra uno, para atacar los espacios libres y desequilibrar a la defensa contraria.
Un delantero con buen poderío físico y dominio del juego aéreo es fundamental para aprovechar los pases largos y generar peligro en el área rival.

Por último, se requieren jugadores comprometidos, con una mentalidad de trabajo en equipo y disposición para correr y luchar en cada partido. Es la suma de todas estas habilidades y actitudes lo que nos permitirá competir en cada encuentro y aspirar a conseguir los tres puntos tan deseados.

Espacio = Tiempo = Calidad = Desmarque = Caídas (segundas jugadas)

Cuanto más espacio tenga nuestro jugador, más tiempo tendrá para dominar el balón y tomar la decisión más correcta, lo que ayudará a ejecutar la acción con calidad y podrá contactar con otro compañero en una zona privilegiada para él y peligrosa para el rival (pase largo de media o larga distancia, al pie o la espacio).

La calidad de los jugadores involucrados en la jugada es fundamental. Si el jugador encargado de realizar el pase carece de la calidad suficiente para dar pases precisos, la jugada de ataque se verá comprometida desde su inicio. Del mismo modo, la importancia de la calidad del jugador receptor , ya que un buen control del balón permitirá continuar con la jugada de ataque o definir la acción, buscando el anhelado gol. El concepto de desmarque también importa este contexto. Desmarcarse en el momento adecuado y de la forma correcta puede desequilibrar la organización defensiva rival.

Por último, es importante destacar la importancia de las caídas, también conocidas como dominio de las segundas jugadas. Si nuestros jugadores son inteligentes en este aspecto y pueden anticipar dónde caerá el balón, nuestro equipo tendrá el control del juego ofensivo.

Un ejemplo ilustrativo se presenta a través de un código QR explicativo.

ACCEDE AL VIDEO

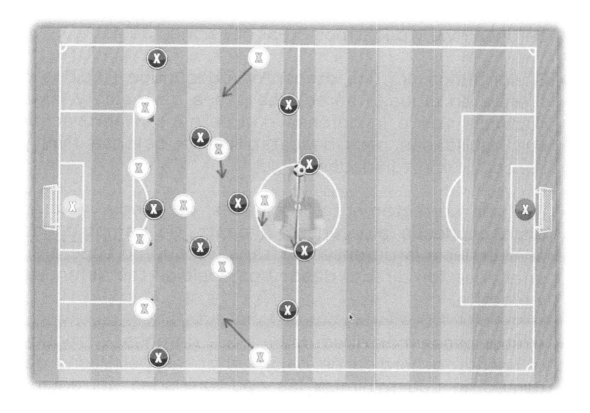

Ventajas y errores más comunes al utilizar el juego directo.

VENTAJAS DE UTILIZAR EL JUEGO DIRECTO DE MANERA ADECUADA

- Si ejecutamos correctamente los pases de media y larga distancia desde la defensa, podemos romper las líneas defensivas del equipo contrario, lo que permite que nuestros atacantes tengan ventaja en la jugada de ataque.

- Podemos aprovechar la desorganización del equipo contrario y realizar un contraataque efectivo tras robar el balón, ya que tendremos espacio a la espalda de la defensa rival y podremos crear ocasiones de gol.

- Si contamos con los atacantes adecuados (rápidos o fuertes en el juego aéreo), los pases de media y larga distancia desde la defensa nos permitirán aprovechar sus habilidades para desestabilizar la defensa rival y conseguir oportunidades de gol.

- Realizar correctamente los pases de media y larga distancia desde la defensa o el centro del campo puede sorprender a la defensa contraria, ya que no esperarán un ataque tan directo desde una posición tan defensiva y efectiva.

- Al usar pases más directos desde la defensa, se reduce el riesgo de pérdida de balón en zonas peligrosas del campo, lo que minimiza las oportunidades del equipo contrario.

- Los pases de media y larga distancia nos permiten dar amplitud y profundidad a nuestro equipo, ya que obligamos al equipo contrario a defender en áreas más amplias, lo que nos permite encontrar más espacios para que nuestros atacantes tengan ventaja (usar pases diagonales para romper el fuera de juego rival y atacar zonas que están a la espalda de los adversarios)

ERRORES COMUNES QUE DIFICULTAN UN JUEGO DIRECTO EFICIENTE.

- Falta de precisión en los pases: Si los pases no son precisos, se produce una pérdida de posesión que dificulta la realización de ataques y obliga al equipo a defender continuamente.

- Volver al equipo predecible: Si el equipo siempre recurre a balones largos en la misma dirección, el rival puede anticiparse y neutralizar fácilmente nuestros intentos de ataque.

- Falta de movilidad de los jugadores sin balón y falta de apoyo: La falta de movimiento y apoyo de los jugadores necesarios para realizar pases de media y larga distancia adecuados puede limitar la efectividad del estilo de juego directo.

- Exceso de juego individualista: El exceso de juego individualista puede dificultar la fluidez en el juego, facilitar la recuperación del balón por parte del rival y obstaculizar la creación de oportunidades de gol.

- Desequilibrio entre defensa y ataque: No mantener un equilibrio entre la defensa y el ataque puede resultar en un equipo largo, lo que dificulta la capacidad para contrarrestar al rival y unir fuerzas tanto en la defensa como en el ataque.

- Atacar con pocos jugadores: Atacar con un número insuficiente de jugadores disminuye las posibilidades de crear oportunidades de gol y aprovechar las ventajas en el área rival.

- No tener en cuenta las características individuales de los jugadores: Ignorar las habilidades individuales de los jugadores, como la velocidad, el desmarque o el regate, limita su capacidad para contribuir al máximo al equipo y desarrollar su potencial. Es fundamental crear un entorno que permita a los jugadores desplegar sus habilidades al máximo dentro del campo.

CÓMO ENTRENAR EL JUEGO DIRECTO

En la preparación de sesiones y tareas de entrenamiento, debes considerar los siguientes aspectos:

ASPECTOS TÁCTICOS

- Trabajo en equipo y movimiento sin balón: Requiere un alto nivel de coordinación entre los jugadores. Entrena los movimientos sin balón, los desmarques de apoyo y ruptura, así como la capacidad para encontrar espacios libres y recibir pases en buenas condiciones.

- Trabajo de transiciones: Deben incluirse en los entrenamientos tareas diseñadas específicamente para mejorar las transiciones entre la defensa y el ataque. Esto implica la recuperación del balón y la búsqueda de un contraataque rápido.

- Precisión en los pases: Trabajar en tareas donde la precisión de los pases cortos, medios y largos sea un objetivo primordial. Enfoca la forma adecuada de golpear el balón, la precisión en la dirección y la fuerza del pase, así como la capacidad de variar la altura y la trayectoria del balón según la situación del juego.

- Entrenamiento de la visión de juego: Enseñá a leer el juego y tomar decisiones rápidas y efectivas sobre cuándo y cómo utilizar los pases de media y larga distancia. Esto puede involucrar ejercicios de conciencia espacial, sesiones de video y patrones de movimiento.

- Entrenamiento específico para nuestro delantero: Se deberá trabajar en las habilidades específicas de nuestro delantero para potenciar su juego aéreo, incluyendo tareas de cabeceo y de pivotar para prolongar el balón o mantener la posesión después de ganar el duelo aéreo.

- Entrenar los movimientos de desmarque de nuestros atacantes: Se debe mostrar a través de tareas cómo realizar desmarques de ruptura efectivos para aprovechar las prolongaciones de nuestro delantero. Se hará hincapié en la sincronización de los movimientos, la lectura del juego (evitando caer en fuera de juego) y la capacidad para anticipar dónde caerá el balón después del duelo aéreo del delantero.

ASPECTOS FÍSICOS

- Trabajo cardiovascular: Incluiremos sesiones donde se trabaje la resistencia aeróbica, la resistencia anaeróbica (a través de intervalos de alta intensidad) y tareas que combinen ambas.

- Velocidad y explosividad: Este estilo de juego requiere rápidos cambios de ritmo y movimientos explosivos. Por lo tanto, nuestros jugadores trabajarán en sesiones que incluyan tareas de sprint, saltos y cambios de dirección.

- Fuerza muscular: Importante ganar los duelos individuales para obtener ventajas, así como para proteger el balón y resistir los desafíos de los rivales. Debemos incluir tareas para fortalecer tanto el tren inferior como el superior (piernas, core y brazos).

- Agilidad y movilidad: Nuestros jugadores encargados de finalizar las jugadas deben ser ágiles y tener una excelente movilidad para desplazarse por el campo y esquivar a los adversarios. Incluiremos tareas que mejoren la agilidad, los cambios de dirección, la flexibilidad y el cambio de ritmo.

ASPECTOS INDIVIDUALES (TECNIFICACIÓN)

- Técnica de pases: Debemos entrenar los pases de corta, media y larga distancia, enseñando a nuestros jugadores la forma adecuada de golpear el balón con diferentes partes del pie y cómo ajustar la fuerza y la dirección del pase según la situación del juego.

- Pases estáticos y dinámicos: Mediante estas tareas de entrenamiento, nuestros jugadores mejorarán la precisión y la velocidad en la ejecución de los pases. No es lo mismo realizar un pase a un compañero que está estático que a otro que está en movimiento.

- Recepción y control de balón: Otro aspecto clave en nuestro entrenamiento de tecnificación. Debemos incluir tareas donde los jugadores mejoren el control de balón con el pie, muslo, pecho y cabeza, así como situaciones donde el balón esté en movimiento y otras con presión.

- Regate y dribbling: Es necesario trabajar con tareas donde se practique el regate constantemente, incluyendo situaciones de uno contra uno y espacios reducidos. Esta habilidad será diferencial en la capacidad de ganar duelos individuales.

- Juego aéreo: Debemos incorporar tareas que permitan a nuestros jugadores mejorar en el juego aéreo para ganar las disputas. Se les enseñará la técnica del salto y qué aspectos deben considerar para tener ventaja en el duelo, como el uso de los codos o los amagos.

- Finalización: Este aspecto es primordial para ganar partidos. Por ello, incluiremos tareas de finalización desde diferentes posiciones y ángulos, centrándonos en la técnica de golpeo y la precisión en los disparos.

- Velocidad y agilidad: Añadiremos tareas que involucren esprints y cambios de dirección, así como circuitos específicos para desarrollar estas habilidades cruciales.

ASPECTOS PSICOLÓGICOS

- Fomentar la mentalidad positiva y ganadora: Desde el principio, debemos inculcar la idea de que este estilo de juego nos conducirá al triunfo. Nuestros jugadores adoptarán una actitud de confianza en cada partido, enfocándose en sus fortalezas y en lo que pueden controlar dentro del campo.

- Trabajo en equipo y confianza mutua: Debes explicar a tus jugadores con alta insistencia que este estilo de juego requiere coordinación y comunicación efectiva entre todos. Cada compañero es fundamental para el éxito colectivo, por lo que deben confiar unos en otros y trabajar juntos en todo momento.

- Resiliencia y superación de adversidades: Este punto es de suma importancia. Debemos inculcar en nuestro equipo la idea de que enfrentarán desafíos y contratiempos durante los partidos, pero que es posible superarlos. Animaremos a los jugadores a ver los errores como parte del juego y a sobreponerse a ellos. Este estilo de juego les brindará la oportunidad de convertir esos errores en aciertos y victorias.

Aspectos a tener en cuenta durante un ataque organizado con el estilo de juego directo.

- Movimientos de los jugadores sin balón: Los receptores se desmarcan para crear espacios donde el balón y el nuevo compañero puedan aparecer. Los desmarques de apoyo y ruptura desorganizan la defensa rival y ofrecen opciones para hacer daño.

- Pases precisos y directos: Los defensas y centrocampistas deben tener precisión al dar pases en dirección a las zonas a atacar o a los jugadores receptores. Los pases deben dar ventaja al compañero, ya sea directamente o al espacio donde aparecerá.

- Apoyo desde el centro del campo: Los centrocampistas cumplen un papel fundamental, ayudando con desmarques de apoyo para ejecutar pases y también facilitando la continuación del ataque tras ganar duelos aéreos.

- Desmarques profundos: Atacar la espalda del adversario en el momento preciso desestabiliza a la defensa contraria. Los desmarques deben anticipar los pases directos de los compañeros.

- Aprovechamiento de las caídas (segundas jugadas): Los jugadores deben estar atentos para aprovechar oportunidades a partir de rebotes o disputas aéreas, ya sea para crear ocasiones de gol o mantener la posesión.

- Finalización eficaz: Nuestros atacantes deben tener la habilidad y calma para finalizar las jugadas cuando se presenten oportunidades claras de gol. Es crucial entrenar la técnica de disparo para convertir las oportunidades en goles.

- Rápida recuperación defensiva: Ante una pérdida de balón, es vital una rápida recuperación defensiva. Todos los jugadores deben comprometerse con la labor defensiva y trabajar juntos para recuperar la posesión y evitar que el equipo rival cause peligro.

Aspectos a tener en cuenta durante un contraataque con el estilo de juego directo.

- Jugadores preparados para el contraataque: Designa jugadores posicionados estratégicamente para lanzar el contraataque en el momento en que se recupere el balón. Estos deben conocer su rol y saber dónde colocarse para iniciar la jugada de ataque rápidamente.

- Visión de juego y toma de decisiones rápidas: El jugador que recupera el balón debe tener una visión clara del campo y tomar decisiones rápidas sobre cómo avanzar en el contraataque. Debe evaluar si puede iniciar el contraataque, identificar a los compañeros mejor posicionados y decidir si él mismo debe ejecutar el pase o cederlo a un compañero en una posición más ventajosa.

- Velocidad y verticalidad: Todos los jugadores involucrados en el contraataque deben utilizar la velocidad y la verticalidad para avanzar rápidamente hacia el área rival. Se deben aprovechar los carriles centrales, la superioridad numérica y la rapidez en la ejecución para crear oportunidades de gol.

- Precisión y potencia en los pases: Los jugadores deben ejecutar los pases con precisión y potencia para superar la defensa contraria desorganizada. Es crucial identificar rápidamente las opciones de pase y ejecutarlos con la fuerza y dirección adecuadas para mantener el ritmo del contraataque.

- Capacidad de finalización: Los jugadores implicados en el contraataque deben tener la capacidad de finalizar las oportunidades de gol de manera efectiva para concluir la jugada y evitar que el equipo rival pueda contraatacar. Deben estar preparados para aprovechar cualquier oportunidad y convertirla en gol.

Aspectos a tener en cuenta durante una defensa organizada con el estilo de juego directo.

- Posicionamiento defensivo: Mantener un buen posicionamiento defensivo para cerrar los espacios y dificultar los pases del equipo contrario. Las líneas defensivas deben mantenerse compactas y ajustar su posición según los movimientos del rival.

- Anticipación y lectura del juego: Los defensores deben ser capaces de anticipar los pases y movimientos del equipo contrario para evitar que nos hagan daño. La comunicación entre los jugadores y las ayudas defensivas son fundamentales para mantener la cohesión del equipo.

- Marcaje y cobertura: Los defensores deben realizar un marcaje cercano a los atacantes rivales y estar preparados para cambiar de marca o realizar coberturas en caso de necesidad. Es importante tener jugadores encargados de mantener el equilibrio defensivo en todo momento.

- Duelos aéreos: Debido a las posibles amenazas aéreas del equipo rival, los defensores deben dominar el juego aéreo y estar bien posicionados para disputar los balones en el aire. La agresividad y la técnica en el despeje son clave para evitar peligros en nuestra área.

- Mantener la calma y la concentración: El equipo debe mantener la paciencia y la concentración en fase defensiva, sabiendo que una buena defensa puede generar oportunidades de contraataque. Evitar cometer errores básicos y mantenerse enfocados en la tarea defensiva son aspectos fundamentales.

- Control del ritmo de juego: Los defensores, incluido el portero, deben tener la capacidad de controlar el ritmo de juego según las necesidades del equipo. Se puede requerir tanto ralentizar como acelerar el juego, y es importante que el equipo defienda de manera compacta y organizada en todo momento, incluso utilizando faltas tácticas si es necesario. La temporización también puede ser una herramienta útil para gestionar el ritmo del partido.

Tareas a realizar en tus entrenamientos para implantar el estilo de juego directo:

Ejercicios Correctivos:

- Rueda de Pases
- Específicas Técnicas
- Finalizaciones
- Tecnificación (Control de Balón y Pase y Recepción)

Juegos Correctivos:

- Rondos
- Juegos de Posesión
- Juegos de Presión
- Juegos Reducidos

Partidos:

- Ataque – Defensa
- Defensa – Ataque
- Mini Partidos
- Partidos Condicionados
- Situaciones de Partido
- Partidos Doble Área

1 . 5

OTROS ESTILOS DE JUEGO

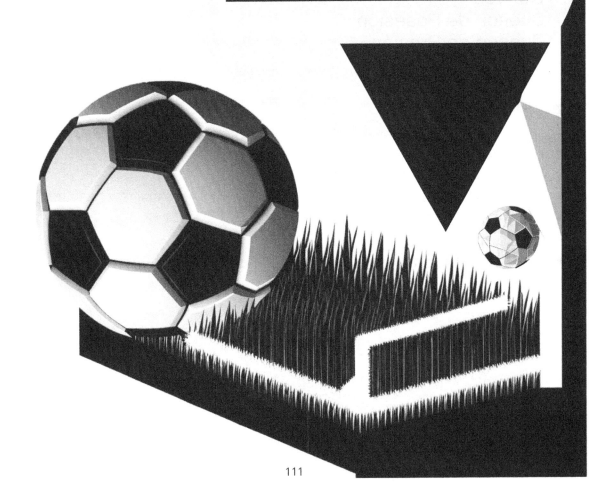

CONTRAATAQUE

¿QUÉ ES EL ESTILO DE JUEGO DE CONTRAATAQUE?

El objetivo principal del estilo de juego de contraataque es mantener una defensa sólida y aprovechar las oportunidades de contraatacar. Este enfoque se basa en la disciplina táctica y en la organización defensiva del equipo.

Los equipos que adoptan este estilo suelen estar bien organizados en el campo, siguiendo estrictamente las instrucciones tácticas. Esto les permite cerrar espacios y dificultar la penetración del equipo adversario.

Además, este estilo destaca por la capacidad de adaptación táctica a cada partido. Esto implica realizar cambios tácticos durante el encuentro y la habilidad de interpretar el desarrollo del juego en tiempo real.

Cuando el equipo recupera el balón, intenta lanzar rápidamente un ataque directo y eficaz. Los equipos que practican este estilo se caracterizan por su rapidez en la transición de la defensa al ataque, capitalizando los espacios que deja el equipo contrario.

ORIGEN DEL JUEGO DE CONTRAATAQUE

El estilo de juego de contraataque en el fútbol tiene sus raíces en los primeros días del deporte, cuando los equipos priorizaban recuperar el balón y avanzar rápidamente hacia la portería contraria. Aunque originalmente no se denominaba así, este enfoque táctico se fue consolidando a lo largo de los años, influido por varios factores en la evolución del fútbol, tales como la aparición de tácticas y estrategias más sofisticadas, el desarrollo de sistemas tácticos, la mejora en la velocidad e habilidad individual de los jugadores, y el avance en las técnicas de pase.

A lo largo de la historia, muchos entrenadores han adoptado y perfeccionado este estilo, aplicándolo de manera continua o según la necesidad. **Nereo Rocco** es considerado uno de los pioneros en utilizar el contraataque de forma destacada, logrando un notable segundo lugar en la Serie A con Triestina, y más tarde, victorias en la liga y la Copa de Europa con el Milan.

Helenio Herrera tomó el relevo con su Inter de Milán, donde su equipo ganó múltiples ligas, copas de Europa e Intercontinentales, demostrando la eficacia de este estilo.

Otros entrenadores influyentes que han utilizado el contraataque, ya sea como un elemento central de su estrategia o en momentos clave, incluyen a Fabio Capello, quien implementó una defensa sólida y organizada combinada con transiciones letales y rápidas tanto en el Milan como en el Real Madrid. Sir Alex Ferguson, aunque no usaba el contraataque como su estilo principal en el Manchester United, lo empleaba efectivamente como una herramienta poderosa contra equipos que defendían lejos de su propia portería. Zinedine Zidane, durante su tiempo en el Real Madrid, equilibró la defensa con un ataque rápido que aprovechaba las bandas y la velocidad de sus delanteros y Diego Simeone, por su parte, ha destacado en el Atlético de Madrid por mantener un equilibrio defensivo crítico, con un bloque medio compacto y un contraataque rápido y mortal que explota la velocidad de sus jugadores y los espacios dejados por el rival.

Pero, para mí, los dos entrenadores que por excelencia han hecho un uso extremo y adecuado son dos: **José Mourinho y Carlo Ancelotti**

José Mourinho. Apodado "The Special One", es reconocido por su enfoque táctico enfocado en una defensa sólida y compacta, contraataques rápidos y eficaces, y una disciplina táctica rigurosa. Su capacidad para adaptar estrategias específicas a cada partido ha marcado su carrera, haciéndolo uno de los entrenadores más destacados en la historia del fútbol.

Trayectoria y Títulos

- **Porto (2001-2004):** Mourinho transformó al Porto en un competidor dominante tanto a nivel nacional como europeo, logrando un récord de 86 puntos en la liga portuguesa y conquistando la Copa de la UEFA y la Copa de Europa.

- **Chelsea (2004-2008; 2013-2015):** Durante sus períodos en el Chelsea, Mourinho ganó múltiples títulos de la Premier League, la FA Cup, la Copa de la Liga y la Community Shield, consolidando su reputación en el fútbol inglés.

- **Inter de Milán (2008-2010):** En Italia, llevó al Inter a la cima con la conquista del triplete histórico: Serie A, Copa de Italia y la Copa de Europa en la temporada 2009/10.

- **Real Madrid (2010-2013):** En España, Mourinho añadió a su palmarés una Liga, una Copa del Rey y una Supercopa de España, destacando por su táctica defensiva y contraataques fulminantes.

- **Manchester United (2016-2018):** En el Manchester United, continuó su éxito consiguiendo la Community Shield, la Copa de la Liga y la Europa League.

- **Tottenham Hotspur (2019-2021):** Aunque no ganó títulos con el Tottenham, llevó al equipo a la final de la Copa de la Liga, demostrando su habilidad para competir a los niveles más altos.

- **Roma (2021-presente):** Con la Roma, ganó la primera edición de la Liga Europa Conference, mostrando su capacidad para adaptarse y triunfar en diferentes contextos futbolísticos.

Reconocimientos

Mourinho ha sido nombrado Mejor Entrenador en diversas ocasiones, destacando en los años 2003 (Porto), 2004 (Chelsea), 2009 (Inter) y 2011 (Real Madrid).

Carlo Ancelotti. Es reconocido por su habilidad para utilizar el contraataque como un arma letal en momentos importantes de los partidos y temporadas, ayudándole a alcanzar sus objetivos de "ganar, ganar y seguir ganando". Ancelotti ha demostrado esta capacidad en diversos contextos internacionales, siempre empoderando a sus jugadores y haciéndoles creer en la posibilidad de alcanzar la excelencia bajo su liderazgo.

Trayectoria y Logros

- **Reggiana (1995):** Logró el ascenso a la Serie A en 1996, mostrando desde temprano su competencia en la gestión y táctica.

- **Parma (1996):** No ganó títulos, pero alcanzó un impresionante subcampeonato en 1997.

- **Juventus (1999-2001):** Ganó la Copa Intertoto en el año 2000.

- **Milan (2001-2009):** Su periodo en el Milan estuvo lleno de éxitos, incluyendo múltiples títulos de la Champions League, la Copa de Italia, la Serie A, y la Supercopa de Italia y de Europa. También conquistó el Mundial de Clubes.

- **Chelsea (2009-2011):** Ganó la Community Shield, la Premier League y la FA Cup en 2010.

- **PSG (2011-2013):** Se coronó campeón de la Ligue 1 en 2013.

- **Real Madrid (2013-2016; 2021-presente):** Durante sus períodos en el Real Madrid, Ancelotti ha ganado múltiples Champions Leagues, la Liga, Copas del Rey, Supercopas de Europa y de España, así como el Mundial de Clubes.

- **Bayern Munich (2016-2018):** Ganó la Bundesliga, la Supercopa de Alemania y otras competiciones nacionales.

- **Napoles (2018-2019), Everton (2019-2021):** Aunque estos períodos fueron menos fructíferos en términos de títulos, su impacto táctico fue notable.

Reconocimientos

- Ancelotti ha sido nombrado Mejor Entrenador durante las temporadas 2006 (Milan) y 2013 (Real Madrid), y fue elegido como el Mejor Técnico de la UEFA en 2002 y 2021.

Ancelotti

Mourinho

Maestros del contraataque

CLAVES PARA USAR EL ESTILO DE JUEGO DE CONTRAATAQUE

Aquí te presento las claves teóricas esenciales para dominar este estilo. Para garantizar una comprensión completa, he creado videos detallados que ilustran cada punto clave. Podrás encontrarlos entre el estilo de juego de contraataque y el estilo de juego relámpago.

Así que no hay excusas para no leer y aprender junto a mí. Te guiaré paso a paso, tanto en teoría como a través de imágenes, para que al terminar este libro comprendas exactamente de qué estamos hablando, cómo aplicarlo y entenderlo a fondo.

1. Realizar un gran trabajo defensivo

• Organización defensiva:

- ○ Solidez defensiva: Esta proporciona al equipo una base estable que permite resistir de manera efectiva los ataques del equipo contrario. Contribuye a mantener la portería a salvo y minimiza las ocasiones de gol del rival.

- ○ Control del juego: Una buena organización defensiva no solo se limita a proteger la portería, sino que también permite al equipo marcar el ritmo del juego incluso sin tener la posesión del balón. Esto puede frustrar al equipo contrario, provocando que pierdan la paciencia y la posesión del balón, lo que puede desencadenar un contraataque efectivo por parte de nuestro equipo.

- Reducción de errores: Mantener una organización defensiva sólida ayuda a disminuir la probabilidad de cometer errores defensivos, tales como desajustes en la formación o fallos en la asignación de marcas, que podrían dar lugar a oportunidades de gol para el equipo contrario.

- Facilita las transiciones: Una organización defensiva bien establecida no solo protege, sino que también facilita las transiciones de la defensa al ataque. Esto permite al equipo aprovechar las oportunidades para lanzar contraataques rápidos y efectivos una vez que recupera la posesión del balón.

- Confianza y seguridad: Una defensa eficaz puede aumentar considerablemente la confianza y la seguridad de los jugadores, haciéndoles sentir más cómodos y seguros en sus roles defensivos. Esto les permite concentrarse mejor en su desempeño en el campo.

- Solidez defensiva: Esta proporciona al equipo una base estable que permite resistir de manera efectiva los ataques del equipo contrario. Contribuye a mantener la portería a salvo y minimiza las ocasiones de gol del rival.

- Cobertura de espacios: Una defensa bien estructurada es esencial para cubrir adecuadamente los espacios. Esto complica los ataques del equipo adversario, impide que encuentren espacios libres y dificulta su capacidad de penetración, reduciendo así sus oportunidades de crear jugadas de gol.

○ Control del juego: Una buena organización defensiva no solo se limita a proteger la portería, sino que también permite al equipo marcar el ritmo del juego incluso sin tener la posesión del balón. Esto puede frustrar al equipo contrario, provocando que pierdan la paciencia y la posesión del balón, lo que puede desencadenar un contraataque efectivo por parte de nuestro equipo.

• **Ser compactos:**

○ Dificultad para la penetración del rival: Mantener a los jugadores cerca unos de otros reduce los espacios disponibles para que el equipo rival penetre la defensa. Esto complica sus esfuerzos para encontrar huecos para pasar o driblar.

○ Facilitación de la recuperación del balón: La compactación de los jugadores mejora la capacidad del equipo para recuperar el balón. La proximidad facilita una mayor presión sobre el jugador con el balón y mejora las coberturas defensivas, aumentando las posibilidades de recuperación.

○ Mejora de la cobertura defensiva: Ser compactos en el campo asegura una mejor cobertura defensiva. Los jugadores pueden cerrar espacios y marcar a los atacantes más eficazmente, reduciendo las oportunidades de que los delanteros rivales reciban pases o creen situaciones de peligro.

- Aumento de la cohesión del equipo: La compactación promueve la cohesión y la comunicación entre los jugadores, ya que están físicamente más cerca en el campo. Esto mejora la comprensión táctica y la coordinación defensiva, fortaleciendo el rendimiento global del equipo.

Presión selectiva:

- Desorganización del juego rival: Aplicar presión selectiva puede desorganizar el juego del equipo contrario, especialmente en zonas críticas como el mediocampo o cerca del área propia. Al presionar en áreas clave, se puede forzar al equipo rival a cometer errores y perder la posesión del balón.

- Dificultad en la construcción de juego del rival: Presionar selectivamente en áreas específicas dificulta la construcción de juego del equipo contrario y su avance hacia el área de gol. Esto puede obligar al equipo rival a optar por un juego más directo o cometer errores en la salida del balón.

- Creación de oportunidades de recuperación: La presión selectiva puede generar oportunidades de recuperar el balón en zonas peligrosas. Al presionar a los jugadores que tienen el balón o que intentan iniciar jugadas de ataque, se pueden provocar pérdidas que permitan recuperar la posesión y lanzar un contraataque.

○ Reducción del tiempo para decidir: Presionar selectivamente reduce el tiempo que los jugadores del equipo contrario tienen para tomar decisiones. Esto puede llevarlos a tomar decisiones apresuradas o a cometer errores bajo presión, aumentando las posibilidades de recuperación del balón.

• Cobertura defensiva:

○ Reducción del riesgo de recibir goles: Una sólida cobertura defensiva disminuye significativamente las oportunidades de gol del equipo contrario. Al mantener a los jugadores bien posicionados y organizados en defensa, se pueden bloquear los intentos de ataque del equipo rival y evitar que alcancen posiciones peligrosas.

○ Control del ritmo del juego: Una buena cobertura defensiva permite al equipo controlar el ritmo del juego, ralentizando el avance del equipo rival al mantener la posesión del balón y acelerar el juego mediante una rápida transición a la ofensiva después de recuperar el balón.

○ Disminución de la presión sobre el portero: Una cobertura defensiva robusta reduce la cantidad de disparos y oportunidades de gol que enfrenta el portero, aliviando la presión sobre él y aumentando las posibilidades de mantener la portería a cero.

- **Disciplina táctica:**

  - Organización defensiva: Asegurando que cada uno esté correctamente posicionado y cumpliendo con sus responsabilidades defensivas. Esto complica la tarea del equipo contrario para penetrar la línea defensiva y generar oportunidades de gol.

  - Cierre de espacios: Un equipo tácticamente disciplinado sabe cómo cerrar espacios y limitar las opciones de pase y tiro del rival. Esto dificulta que los adversarios encuentren huecos en la defensa y creen jugadas peligrosas.

  - Marcaje efectivo: Impide que reciban el balón y generen oportunidades de gol. Esto puede implementarse a través de marcajes hombre a hombre, zonales o una combinación de ambos.

  - Reducción de oportunidades de gol: Mantener una sólida disciplina defensiva ayuda a reducir el número de oportunidades de gol que concede al equipo contrario. Esto disminuye las posibilidades de recibir goles y aumenta las probabilidades de mantener la portería a cero.

  - Mentalidad de equipo: La disciplina táctica defensiva promueve una mentalidad de equipo donde todos los jugadores están comprometidos con la defensa y trabajan juntos para proteger la portería. Esto refuerza el espíritu de equipo y la cohesión, contribuyendo a un mejor rendimiento en el campo.

2. Realizar un gran trabajo ofensivo

- **Rapidez en la transición:**

  - Aprovechamiento de espacios: Permite al equipo explotar los espacios desprotegidos en la defensa rival antes de que puedan organizarse. Esto puede generar situaciones de uno contra uno y crear oportunidades de gol.

  - Desorganización defensiva del oponente: Al moverse rápidamente hacia adelante, el equipo puede desorganizar la defensa del oponente, forzando a los defensores a retroceder rápidamente para cubrir los espacios. Esto puede generar confusión entre los defensores y abrir carriles en la línea defensiva rival que pueden ser aprovechados.

  - Sorpresa y desconcierto: La rapidez en la transición ofensiva puede sorprender al equipo contrario, especialmente si no están preparados para nuestro ataque y se encuentran desorganizados, dejando espacios abiertos para ser explotados.

  - Aumento del ritmo de juego: Dificulta a los rivales defenderse y adaptarse a la velocidad de las acciones del equipo atacante, generando presión sobre la defensa contraria.

  - Aprovechamiento de la superioridad numérica: Al moverse rápidamente hacia adelante, el equipo puede crear situaciones de superioridad numérica en el ataque, superando a los defensores y generando oportunidades de gol con mayor facilidad.

- Mayor fluidez en el juego: Permite una transición suave y rápida entre la defensa y el ataque, lo que facilita la creación de oportunidades de gol y mantiene la presión sobre el equipo contrario.

• Identificación de oportunidades:

- Mayor eficacia en la finalización: Identificar oportunidades de gol permite a los jugadores tomar decisiones rápidas y precisas en zonas clave del campo, incrementando las posibilidades de convertir esas oportunidades en goles.

- Mayor creatividad en el ataque: Reconocer las oportunidades de gol puede inspirar a los jugadores a ser más creativos en el ataque, buscando soluciones innovadoras para superar la defensa contraria y generando jugadas ofensivas variadas y emocionantes.

- Aprovechamiento de debilidades del oponente: Identificar las debilidades del equipo contrario en defensa permite al equipo explotarlas, creando jugadas específicamente diseñadas para hacer daño al rival, aumentando la eficacia en el ataque y las posibilidades de marcar goles.

• Precisión en el pase

- Creación de oportunidades de gol: Los pases precisos permiten al equipo mover el balón de manera eficiente, superando la defensa contraria y facilitando la llegada del balón a jugadores en posiciones peligrosas.

○ Mantenimiento de la posesión del balón: Los pases precisos ayudan al equipo a mantener la posesión, permitiendo un uso efectivo del balón para desestabilizar al equipo rival.

○ Movimiento fluido del balón: La precisión en el pase contribuye a un movimiento fluido y continuo del balón a lo largo del campo, dificultando que el equipo contrario intercepte o recupere el balón y desorganizando su defensa.

○ Romper líneas defensivas: Los pases precisos pueden romper las líneas defensivas del adversario, superando a los defensores y penetrando en zonas de peligro, abriendo espacios y creando oportunidades de gol cerca de la portería contraria.

○ Facilitar la finalización: Los pases precisos proporcionan a los jugadores en posición de remate balones bien colocados y fáciles de controlar, lo que aumenta las posibilidades de una finalización exitosa y la conversión de oportunidades en goles.

• **Aprovechamiento de la velocidad**

○ Desbordamiento de la Defensa: La velocidad permite a los jugadores superar con mayor facilidad a los defensores rivales. Un jugador rápido puede desbordar a la defensa contraria y enfrentarse uno a uno con el portero, aumentando las posibilidades de anotar.

- Creación de Espacios: Los jugadores con rapidez son capaces de estirar la defensa adversaria al moverse velozmente detrás de la línea defensiva o desplazarse hacia los costados del campo. Esto genera espacios que los compañeros de equipo pueden utilizar para moverse libremente, recibir pases y efectuar tiros a puerta.

- Contraataques Efectivos: En los contraataques, la velocidad es esencial, ya que facilita el avance rápido del equipo hacia la portería rival, aprovechando los momentos en que la defensa contraria está desorganizada. Los contraataques rápidos pueden sorprender al equipo oponente y resultar en claras oportunidades de gol durante transiciones veloces

- Presión sobre la Defensa Rival: Un ataque rápido pone presión sobre la defensa adversaria, obligándola a retroceder con celeridad para cerrar espacios y prevenir incursiones peligrosas de los jugadores veloces. Esta presión puede desorganizar la defensa y abrir brechas que el equipo atacante puede explotar.

- Desequilibrio en la Defensa Rival: Los jugadores rápidos pueden desestabilizar la defensa contraria al forzar situaciones de uno contra uno o al atraer a múltiples defensores hacia sí mismos. Esto libera espacio para que otros miembros del equipo exploren y generen oportunidades de gol a través de combinaciones rápidas o pases precisos en zonas críticas.

- **Finalización clínica:**

  ○ Mayor Eficacia en la Conversión: La finalización clínica se caracteriza por la precisión y eficacia en la ejecución de disparos a gol. Los jugadores capaces de convertir un alto porcentaje de oportunidades en goles maximizan las posibilidades de victoria.

  ○ Aprovechamiento de Oportunidades: Los jugadores con habilidades de finalización clínica pueden capitalizar incluso las oportunidades más pequeñas o complejas. Esto permite al equipo convertir goles en circunstancias desfavorables.

  ○ Confianza en el Ataque: La presencia de jugadores con destrezas avanzadas de finalización infunde confianza en el equipo. Saber que cuentan con individuos capaces de marcar en momentos importantes motiva a los demás.

  ○ Presión sobre la Defensa Rival: Los atacantes con finalización clínica obligan a la defensa contraria a mantenerse alerta y a cerrar espacios eficientemente, lo que puede desorganizar y crear vulnerabilidades en la línea defensiva.

  ○ Creación de Oportunidades para Compañeros: La habilidad de atraer a múltiples defensores hacia jugadores específicos libera espacio para que otros se muevan y reciban pases en áreas peligrosas, facilitando la creación de oportunidades de gol para el equipo.

- ## **Movimientos inteligentes sin balón:**

  ○ Creación de Espacios: Los movimientos sin balón pueden abrir espacios en la defensa rival al distraer a los defensores o crear confusión en su marcación. Esto permite a los compañeros de equipo aprovechar huecos para recibir pases.

  ○ Desorganización Defensiva: Los movimientos astutos sin balón pueden desorganizar a la defensa contraria, creando situaciones de uno contra uno o rompiendo líneas defensivas. Esto puede confundir a los defensores rivales.

  ○ Atracción de la Atención de los Defensores: Al moverse de manera inteligente sin balón, los jugadores pueden atraer la atención de los defensores, dejando espacios libres que pueden ser explotados por otros compañeros.

  ○ Facilitación de la Circulación del Balón: Los movimientos sin balón ofrecen opciones de pase constantes a los jugadores con balón, manteniendo el flujo del juego y asegurando la posesión en zonas clave del campo.

  ○ Aumento de las Opciones de Ataque: Los movimientos inteligentes y la búsqueda activa de espacios incrementan las opciones de ataque del equipo, generando oportunidades adicionales de gol y ampliando las posibilidades ofensivas del equipo.

• **Conducción vertical del balón:**

○ Penetración rápida en el área rival: La conducción vertical del balón permite a los jugadores avanzar rápidamente hacia el área rival, superando a los defensores y creando situaciones de peligro. Esto puede sorprender a la defensa contraria y generar oportunidades de gol antes de que tengan la oportunidad de organizarse.

○ Creación de desequilibrio en la defensa: La conducción vertical del balón puede desequilibrar a la defensa rival al obligarlos a retroceder rápidamente para cerrar espacios y evitar que los jugadores avancen. Esto puede crear brechas en la defensa.

○ Atracción de la atención de los defensores: Los avances verticales con el balón pueden atraer la atención de los defensores, lo que puede abrir espacios de ataque para otros jugadores. Además, los jugadores pueden obligar a los defensores a seguirlos y dejar espacios en la defensa que pueden ser aprovechados por otros compañeros de equipo.

○ Presión sobre la defensa rival: La conducción vertical del balón ejerce presión sobre la defensa contraria al obligarlos a retroceder y cerrar espacios con mayor rapidez y agresividad. Esto puede desorganizar la defensa y crear oportunidades para que el equipo atacante encuentre huecos en la línea defensiva y penetre en el área de penalización.

- **Explosividad en la salida:**

  - Rápida Transición de Defensa a Ataque: La explosividad en la salida del balón permite al equipo cambiar rápidamente de la fase defensiva a la ofensiva, aprovechando los espacios y sorprendiendo a la defensa contraria.

  - Romper Líneas Defensivas: La explosividad en la salida puede romper las líneas defensivas del equipo contrario al superar a los defensores con velocidad y agilidad, creando desequilibrios y abriendo espacios para avances hacia posiciones de peligro.

  - Crear Situaciones de Uno Contra Uno: Al permitir que los jugadores avancen rápidamente hacia la portería contraria, la explosividad en la salida puede provocar situaciones de uno contra uno, poniendo en aprietos a la defensa rival y creando oportunidades de desequilibrio y penetración.

  - Presión sobre la Defensa Contraria: Esta táctica ejerce presión sobre la defensa rival, forzándola a retroceder rápidamente y cerrar espacios con urgencia, lo que puede desorganizarla.

  - Aprovechamiento de la Velocidad: La explosividad en la salida del balón aprovecha la velocidad de los jugadores para ganar terreno rápidamente y superar a los defensores en carrera, generando oportunidades de ataque en espacios abiertos y aumentando las posibilidades de cara a puerta.

• **Aprovechar los errores del rival:**

○ Generación de oportunidades de gol: Aprovechar los errores del rival puede llevar a la recuperación del balón en posiciones adecuadas para poder hacer daño al rival. Estos errores pueden conducir a situaciones de uno contra uno o a poder crear jugadas de ataque que terminen con disparos desde posiciones favorables.

○ Desorganización defensiva: Los errores del rival pueden desorganizar su defensa al obligarlos a reaccionar rápidamente para recuperar el balón. Esto puede crear espacios y brechas en la línea defensiva que pueden ser aprovechadas por el equipo atacante para penetrar en el área.

○ Presión sobre el ataque del rival: Aprovechar los errores del rival ejerce presión sobre sus jugadores al hacerles cometer errores adicionales o forzarlos a cometer faltas para detener los ataques.

○ Aumento de la confianza del equipo: Aprovechar los errores del rival puede aumentar la confianza del equipo atacante al demostrar su capacidad para capitalizar las oportunidades que se presentan.

○ Creación de momentum: Aprovechar los errores del rival puede crear momentum positivo para el equipo atacante al generar emoción y entusiasmo en los jugadores y en los aficionados. Esto puede llevar a un aumento de intensidad en el equipo.

TEORÍA EN VIDEO

Como mencionamos anteriormente y para facilitar la digestión de todo el contenido teórico, a continuación encontrarás un códigos QR. Escanéalo para profundizar en las claves más importantes del estilo de juego de contraataque ¡Sigue esforzándote y adelante!

ESTILO DE JUEGO DE CONTRAATAQUE

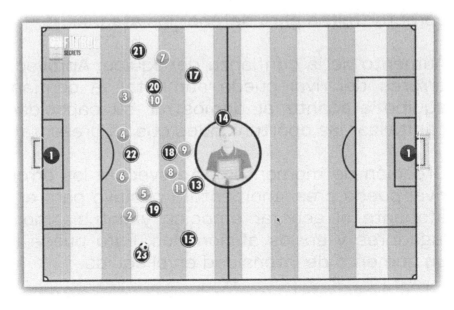

RELÁMPAGO "FLASH OF LIGHTING"

¿QUÉ ES EL ESTILO DE JUEGO DE RELÁMPAGO?

El estilo de juego "Relámpago" es una estrategia que combina varios subestilos conocidos en el fútbol. **En el propio campo, este estilo se caracteriza por un juego combinativo y asociativo**, donde se prioriza el pase seguro y la creación de superioridades numéricas para avanzar con la pelota de manera efectiva.

Al trasladarse al **campo contrario**, se adopta un enfoque de juego vertical, dando **prioridad al juego por las bandas para presionar al rival.** El carril central, en este contexto, se utiliza para finalizar las jugadas. Además, se implementa el juego de posición en el ataque organizado cuando el juego vertical no es viable, manteniendo la posesión y buscando abrir la defensa rival con pases estratégicos.

Defensivamente, el estilo "Relámpago" **prioriza mantener a cinco jugadores en la línea defensiva para contrarrestar cualquier ataque del equipo adversario.** Además, se emplea una presión alta e intensa, con el objetivo de recuperar el balón lo más cerca posible del arco rival, maximizando las oportunidades de lanzar un contraataque rápido.

ORIGEN DEL JUEGO RELÁMPAGO "FLASH OF LIGHTING"

A lo largo de la historia, muchos entrenadores han combinado estilos de juego para fortalecer sus equipos y alcanzar el éxito. Esta combinación implica realizar un juego combinativo o asociativo en la primera parte del campo (aproximadamente en el centro del campo) y adoptar un enfoque vertical en el tramo medio y final del terreno de juego (aproximadamente desde el centro del campo hasta la portería rival).

Destacaré, según mi opinión, a los entrenadores que han utilizado o utilizan este estilo de juego y que además han cosechado victorias, títulos o se han convertido en figuras prominentes en el mundo del fútbol. Comencemos:

Erik Ten Hag destacó por su hábil manejo de la posesión y la asociación, así como por la verticalidad que lograba cuando el equipo cruzaba el centro del campo, especialmente a través de jugadores como David Neres y Ziyech.

Durante su carrera, Ten Hag ha ganado 3 Eredivisie, 2 Copas de Holanda y 1 Supercopa de Holanda con el Ajax. Además, logró ganar 1 Copa de la Liga Inglesa con el Manchester United y el título de Campeón de la German Regionalliga Bavaria con el segundo equipo del Bayern de Múnich.

Mauricio Pochettino: Ha empleado un estilo muy definido donde el pase seguro en campo propio era fundamental para lanzar ataques rápidos, destacando el uso de jugadores clave como Lucas Moura y Son en el Tottenham, así como Mbappé y Di María en el PSG.

Con el PSG, ha logrado 1 título de Ligue 1, 1 Supercopa de Francia y una Copa de Francia. Con el Tottenham, llegó a la final de la Liga de Campeones.

Hansi Flick: El relámpago se sentía cuando el balón cruzaba el centro del campo, con jugadores como Davies, Gnabry o Coman transformándose en verdaderas balas para recibir los pases y romper las líneas defensivas rivales.
Bajo su dirección, el Bayern de Múnich ha ganado 1 Liga de Campeones, 1 Supercopa de Alemania, 1 Supercopa de Europa, 1 Copa de la Liga Alemana, 2 Bundesligas y 1 Mundial de Clubes.

Jürgen Klopp: En ciertas ocasiones, ha recurrido a este estilo para extraer el máximo rendimiento de su equipo, destacando figuras como Alexander-Arnold, Robertson, Salah y Mané en roles cruciales, mientras que Wijnaldum, Fabinho, Van Dijk, Henderson y Firmino aportaban control y pausa al juego.
Klopp ha ganado 1 Liga de Campeones, 1 Mundial de Clubes, 1 Premier League, 1 Supercopa de Europa, 1 FA Cup, 2 Copas de la Liga y 1 Community Shield con el Liverpool. Además, cuenta con 2 Bundesligas, 1 Copa de Alemania y 2 Supercopas de Alemania con el Borussia Dortmund. Klopp ha sido nombrado dos veces mejor entrenador del mundo.

Luis Enrique: Sus equipos continuaron manteniendo el juego de posición y asociativo, pero incorporaron el estilo de juego vertical para causar aún más daño a los rivales. Jugadores como Jordi Alba, Dani Alves, Neymar, Rakitić y Luis Suárez se beneficiaron de esta aproximación más directa, liderada por los pases de Iniesta y Messi, lo que hizo que este Barcelona fuera aún más formidable. Con el Barcelona, ha ganado 1 Liga de Campeones, 1 Mundial de Clubes, 2 Ligas, 1 Supercopa de Europa, 1 Supercopa de España y 3 Copas del Rey. Actualmente, ha ganado 1 Supercopa de Francia con el PSG y está en la lucha por conquistar una Ligue 1 y la Liga de Campeones.

Marcelo Bielsa: Dio un giro a su estilo de juego al llegar al Leeds, fusionando el enfoque vertical que siempre caracterizó a sus equipos con una salida de balón limpia y paciente, propia del estilo de juego combinativo. Jugadores como Ayling, Alioski, Dallas y Harrison lideraban el juego vertical, mientras que Pablo Hernández, Klich o Phillips se encargaban de orquestar armoniosamente ambos estilos.

Pero para mí, el entrenador que evolucionó este estilo y que lo ha usado con más convicción fue **Jupp Heynckes.**

Jupp Heynckes es ciertamente uno de los entrenadores más destacados en la implementación y evolución del estilo de juego "relámpago". Fue el creador de este enfoque, donde sus equipos dominaban el juego de posición y posesión, moviendo inteligentemente el balón para desgastar a sus oponentes. Sin embargo, lo que realmente distinguía a sus equipos era su capacidad para realizar ataques verticales y rápidos en cualquier momento, a través de pases profundos y una creativa ocupación de espacios. Esto les permitía sorprender a los adversarios y, lo más importante, lograr victorias y títulos.

Borussia Mönchengladbach (1979/87): Consiguió posicionar al equipo como un contendiente capaz de ganar la Bundesliga y lo llevó a competiciones europeas.

Bayern de Múnich (1987/91): En su primera temporada, ganó la Bundesliga y la Copa de Alemania.

Athletic Club (1992/94): Aunque no ganó títulos, dejó una impresión muy positiva en la liga española y en el club.

Real Madrid (1997/98): Logró la Supercopa de España y la Liga de Campeones.

Bayern de Munich (2009/13): Alcanzó el mayor éxito de la historia del club al conquistar el triplete en la temporada 2012/13, ganando la Bundesliga, la Copa de Alemania y la Liga de Campeones.

Bayern de Múnich (2017): Asumió el cargo de entrenador de forma interina, regresando al fútbol por unos meses. Durante este breve periodo, logró la Bundesliga y la Copa de Alemania.

Mikel Arteta y Xabi Alonso son dos entrenadores que actualmente están implementando con éxito el estilo de juego "Flash of Lightning", con resultados positivos y un fútbol atractivo.

Mikel Arteta: Ha logrado fusionar dos estilos distintos, el primero de posición y asociación, gracias a su experiencia trabajando junto a Pep Guardiola, donde absorbió los fundamentos necesarios de este sistema. Posteriormente, incorporó la verticalidad a su enfoque, inspirado por su experiencia como jugador en equipos como el PSG, Rangers y Everton, donde se practicaba un fútbol más directo y rápido. Con el Arsenal, ha conseguido una FA Cup y dos Community Shield, cambiando la dinámica del equipo y situándolo como un contendiente en la Premier League.

Xabi Alonso: Desde su etapa como jugador, se vislumbraba su potencial como futuro entrenador, demostrando una capacidad innata para asimilar conocimientos de todos los entrenadores con los que trabajó a lo largo de su carrera. Además, ha integrado enseñanzas de las diferentes ligas en las que ha participado. Con una combinación de estilos, ha creado un enfoque de juego capaz de causar estragos en cualquier rival y de ganar títulos.

Actualmente, está en vías de convertirse en campeón virtual de la Bundesliga y está compitiendo por la Copa de Alemania y la Europa League.

CLAVES PARA USAR EL ESTILO DE JUEGO RELÁMPAGO "FLASH OF LIGHTING"

• Usar al portero en el inicio de juego:

- ○ Crear superioridad numérica: El equipo puede usar al portero como un jugador adicional para crear superioridad numérica en la zona de construcción. Esto puede facilitar la salida limpia del balón desde la defensa y ayudar al equipo a superar la presión alta del rival.

- ○ Control del juego: El portero, generalmente un jugador hábil con los pies, puede ayudar a controlar el ritmo del juego y la posesión del balón desde la parte trasera. Al participar en la construcción de jugadas, puede distribuir el balón con precisión e iniciar ataques desde una posición profunda en el campo.

- ○ Romper líneas de presión: El portero puede ayudar al equipo a romper las líneas de presión del rival. Al mover el balón rápidamente y con precisión entre los defensores y el portero, el equipo puede encontrar espacios en la defensa contraria y avanzar.

- ○ Reducir el riesgo de pérdida de balón: Utilizar al portero en la salida de balón puede ayudar a reducir el riesgo de pérdida de balón en áreas peligrosas del campo. El portero suele tener una mayor capacidad para proteger el balón y tomar decisiones seguras bajo presión, lo que puede minimizar las oportunidades de contraataque del rival.

- Crear oportunidades de contraataque: Al jugar con el portero en la salida de balón, el equipo puede aprovechar su habilidad para lanzar rápidamente contraataques cuando recupera la posesión del balón. El portero puede distribuir el balón rápidamente a los jugadores de ataque que se desplazan hacia adelante, creando oportunidades de gol en transiciones rápidas.

- **Uso de los laterales como principales protagonistas en la progresión de ataque:**

  - Ampliar el Campo: Los laterales, al ocupar posiciones anchas en el campo, ayudan a estirar la defensa contraria y crear más espacio para la construcción de jugadas. Al recibir el balón en estas posiciones, pueden abrir el juego y facilitar el avance del equipo por los costados.

  - Crear Superioridad Numérica en los Costados: Involucrar a los laterales en la salida de balón permite crear superioridad numérica en los costados del campo. Esto es crucial para superar la presión alta del rival y facilitar la progresión del balón hacia adelante.

  - Aprovechar la Habilidad para Cruzar: Los laterales, a menudo hábiles en el centro del campo y capaces de realizar centros precisos, pueden crear oportunidades de gol mediante centros desde los costados del campo. Al comenzar la salida de balón desde los laterales, el equipo puede maximizar esta habilidad.

- Proporcionar Opciones de Pase Seguras: Durante la salida de balón, los laterales ofrecen opciones de pase seguras para los defensores centrales y el portero. Al estar bien posicionados y disponibles para recibir el balón, ayudan al equipo a mantener la posesión y progresar de manera controlada hacia adelante.

- Facilitar la Transición Defensa-Ataque: Los laterales, gracias a su versatilidad, juegan un papel crucial tanto en defensa como en ataque. Al iniciar la salida de balón, facilitan una rápida transición de la defensa al ataque, aprovechando su capacidad para avanzar por el campo y participar activamente en la construcción de jugadas ofensivas.

• Uso de los laterales como centrocampistas para la progresión del ataque y el equilibrio en defensa:

- Ampliar las Opciones de Pase: Al desplazar a los laterales hacia el centro del campo, se amplían las opciones de pase para los defensores centrales y el portero durante la salida de balón. Esta estrategia ayuda al equipo a mantener la posesión y avanzar de manera controlada hacia adelante.

- Crear Superioridad Numérica en el Mediocampo: Posicionando a los laterales como centrocampistas, el equipo puede crear una superioridad numérica en el mediocampo. Esto es clave para superar la presión alta del rival y facilitar la progresión del balón.

○ Aprovechar la Habilidad Técnica de los Laterales: Los laterales, que a menudo son jugadores hábiles con el balón, pueden contribuir significativamente en la construcción de jugadas desde posiciones avanzadas. Utilizarlos en roles de centrocampistas permite al equipo aprovechar esta habilidad técnica para mantener la posesión y generar oportunidades de ataque.

○ Facilitar la Transición Defensa-Ataque: Al situar a los laterales en el centro del campo, se facilita una transición rápida de la defensa al ataque. Actuando como primeros puntos de apoyo para los defensores centrales y el portero durante la salida de balón, los laterales permiten al equipo avanzar con rapidez en transiciones ofensivas.

○ Proporcionar Profundidad y Amplitud al Juego: Cuando los laterales están posicionados como centrocampistas, pueden dar tanto profundidad como amplitud al juego. Esta dualidad les permite moverse hacia adelante para ofrecer opciones de pase en el ataque, así como retroceder para ayudar en la construcción de jugadas desde la defensa.

- **Abusar de los pases diagonales (cambios de frente en profundidad) para atacar la espalda de la defensa rival:**

  ○ Romper Líneas Defensivas: Atravesando el campo en ángulos que desafían y desorganizan la estructura defensiva rival. Estos pases pueden crear oportunidades significativas para penetrar en zonas peligrosas y acercarse al área rival.

143

○ Crear Espacio para el Extremo: Al dirigir pases diagonales al extremo del lado opuesto, se puede obligar a los defensores contrarios a moverse lateralmente para cubrir al receptor del pase. Esto abre espacios en el centro del campo, permitiendo que otros jugadores exploren y generen oportunidades de ataque.

○ Aprovechar la Velocidad y Habilidad del Extremo: Los extremos, conocidos por su rapidez y destreza en situaciones de uno contra uno, pueden beneficiarse enormemente de recibir pases diagonales. Estos pases les permiten recibir el balón en posiciones favorables, donde pueden utilizar su velocidad y habilidad para superar a los defensores y crear situaciones de peligro.

○ Desplazar la Defensa Contraria: Los pases diagonales hacia el extremo opuesto tienen el potencial de desplazar a la defensa contraria hacia un lado del campo, generando un desequilibrio. Este desplazamiento abre espacios en otras áreas del campo, lo que puede ser explotado por el equipo para atacar donde la oposición defensiva es menor.

○ Crear Oportunidades de Centros: Dirigir pases diagonales al extremo opuesto también puede posicionar a este jugador en una ubicación ideal para enviar centros al área. Esto aumenta las oportunidades de remate para los delanteros y potencia las posibilidades de anotar goles.

- **Formación de un cuadrado en el centro del campo: Estrategia para el control del juego:**

  ○ Control del Centro del Campo: Al formar un cuadrado con dos laterales y dos centrocampistas en el centro del campo, el equipo puede incrementar significativamente el control y la posesión. Esta disposición permite establecer el ritmo del partido y dictar el desarrollo del juego desde una posición central.

  ○ Amplitud y Profundidad: La formación en cuadrado ofrece amplitud y profundidad en el centro del campo. Esto brinda a los jugadores múltiples opciones de pase en varias direcciones, facilitando la circulación del balón y la creación de jugadas desde el mediocampo.

  ○ Apoyo y Opciones de Pase: Los integrantes del cuadrado pueden ofrecerse continuamente como opciones de pase, mejorando la progresión del balón y ayudando a mantener la posesión. Esta configuración táctica promueve el juego combinativo y la movilidad entre los jugadores en el centro del campo.

  ○ Facilitación de la Salida de Presión: Ante la presión alta del rival, el cuadrado en el centro del campo provee opciones de pase seguras y líneas de pase claras, facilitando la salida de la presión.

- Equilibrio Defensivo y Ofensivo: Esta formación equilibra adecuadamente la defensa y el ataque, permitiendo a los jugadores alternar entre tareas defensivas y la creación de oportunidades ofensivas. El cuadrado mantiene al equipo compacto y organizado en todas las fases del juego, asegurando una transición fluida entre defensa y ataque.

• Atacar en campo rival con una disposición 1-2-3-5

- Equilibrio Defensivo y Ofensivo: Esta formación mantiene un equilibrio entre la defensa y el ataque con una línea defensiva sólida de dos jugadores, asegurando una base estable mientras el equipo se proyecta hacia adelante con una línea ofensiva numerosa.

- Control del Centro del Campo: Con tres centrocampistas, esta disposición permite dominar el centro del campo y controlar la posesión del balón. La inclusión de dos laterales que actúan como centrocampistas añade presencia en el mediocampo, facilitando la circulación del balón y la creación de oportunidades de ataque.

- Ampliación del Campo: Los laterales en roles de centrocampistas amplían el campo, creando más espacio de juego. Esto proporciona mayor movilidad y libertad de movimiento para los jugadores en el mediocampo, complicando la labor defensiva del equipo rival.

- Creación de Superioridad Numérica en Ataque: La formación con cinco jugadores en la línea ofensiva crea superioridad numérica, lo que presenta desafíos para la defensa rival y aumenta las opciones de pase y combinación en el último tercio del campo.

- Versatilidad Táctica: La disposición 1-2-3-5 ofrece versatilidad táctica, valga la redundancia, permitiendo que los laterales se incorporen al ataque según sea necesario y regresen rápidamente para apoyar en la defensa. Su habilidad para actuar como centrocampistas también representa una amenaza adicional en el ataque, con la capacidad de penetrar en el área rival y generar oportunidades de gol.

- Llegada con Muchos Jugadores: Esta estrategia posibilita la presencia de múltiples jugadores en zona de finalización, optimizando la ocupación de espacios en el área rival. Con atacantes distribuidos en todos los carriles, el equipo está preparado para finalizar las jugadas y maximizar las ocasiones de gol.

• Usar pases verticales en campo rival para romper líneas defensivas y ser agresivos en el ataque:

- Romper Líneas Defensivas: Los pases en profundidad son una herramienta eficaz para romper las líneas defensivas del equipo contrario.

Al atravesar las filas de defensores, desafían la estructura defensiva y crean oportunidades para penetrar en zonas peligrosas del campo, acercándose al área rival.

○ Crear Oportunidades de Gol: Los pases en profundidad hacia adelante pueden generar oportunidades de gol al colocar al receptor en una posición ventajosa cerca del área rival. Esto puede resultar en tiros directos a puerta o situaciones de uno contra uno contra el portero.

○ Aprovechar la Velocidad de los Atacantes: Estos pases son particularmente efectivos cuando se combinan con la velocidad de los delanteros y extremos. Al enviar pases en profundidad hacia adelante, se aprovecha la velocidad de los jugadores ofensivos.

○ Crear Desequilibrios Defensivos: Los pases en profundidad hacia áreas específicas del campo pueden crear desequilibrios en la defensa contraria. Obligan a los defensores a reajustar su posición y cubrir a los jugadores receptores, abriendo espacios en otras áreas del campo que pueden ser aprovechadas por otros jugadores del equipo atacante.

○ Desviar la Atención de la Defensa: Estos pases pueden desviar la atención de la defensa contraria, impidiéndoles concentrarse completamente en la posesión del balón y en marcar a los jugadores ofensivos. Esto genera confusión y crea oportunidades para jugadas de ataque.

TEORÍA EN VIDEO

Haremos lo mismo con este estilo. Si hay algún punto que no te haya quedado claro, estoy seguro de que este video resolverá tus dudas. Ponte cómodo, siéntate, toma apuntes y disfruta.

ESTILO DE JUEGO RELÁMPAGO (FLASH OF LIGHTING)

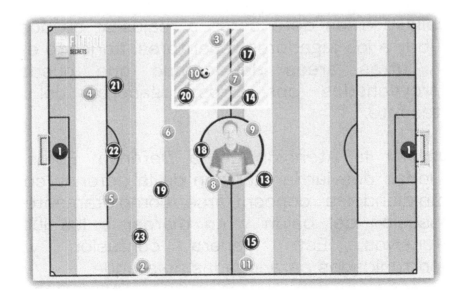

2

PARTE
PRÁCTICA

PASOS A SEGUIR PARA IMPLANTAR UN ESTILO DE JUEGO CON TU EQUIPO (EL QUE TÚ QUIERAS). PLANIFICACIÓN

Planificación del Estilo de Juego en Diferentes Fases

El objetivo principal consiste en lograr que el jugador de fútbol se sienta plenamente involucrado en el desarrollo del juego en equipo y que interiorice que con esta manera de jugar se va a conseguir que el equipo gane y que mejore de manera individual también.

Dicotomía: Cuando buscamos implementar un determinado estilo de juego, nos enfrentamos a un dilema que requiere resolución:

- ¿Debemos ajustar el estilo de juego en función de las habilidades de los jugadores de fútbol que tenemos?
- ¿O debemos guiar a los jugadores de fútbol para que se adapten al estilo de juego que los entrenadores deseamos?

Solución: En este contexto, proponemos una solución intermedia donde la flexibilidad es clave para lograr la perfecta integración de ambas partes del rompecabezas. Sin embargo, también puedo añadir que si uno cree mucho en su idea necesita tener jugadores que puedan implantarla, es por ello que debemos y tenemos que escoger los jugadores que nos sirven para la idea y ser francos con los que no nos valen para que se puedan ir a otros equipos. Debemos ser francos desde el principio para que la idea tenga éxito, las medias tintas en este deporte no valen.

Siguiente paso: Tenemos ya nuestra plantilla elegida, nuestros jugadores que creen y confían en nuestra idea (además tienen las características que necesitamos para ello). Nos toca implantar el estilo de juego.

Os voy a detallar las cuatro fases que creo que son necesarias para que el estilo de juego vertical se vea de manera clara en cada partido y a lo largo de la temporada.

Primera Fase: Adaptación a la Idea Principal

En esta etapa, nos enfocamos en preparar al futbolista en todos sus ámbitos:

- Técnico-Táctico (fútbol)
- Estado de forma (condición física)
- Emocional y psicológica (adaptarse a la presión y el estrés competitivo)

Siempre sigo el enfoque de "de lo simple a lo complejo", donde la velocidad para avanzar de manera rápida hacia lo complejo viene determinada por la calidad de nuestros jugadores. Es decir, nos centraremos en su habilidad individual.
Si nuestros jugadores mejoran en el aspecto individual, el progreso hacia el juego grupal será más rápido, sencillo y con resultados óptimos desde el principio.

Para lograrlo, utilizaremos en los entrenamientos tareas cerradas para potenciar sus habilidades personales, tales como control de balón, recepción, control orientado, pases, regates, entre otros.

Objetivo: Establecer el estilo de juego desde el trabajo individual, preparándonos para avanzar en las siguientes fases hacia el trabajo grupal.

Segunda Fase: Estudio y Progreso del Estilo de Juego

Durante esta etapa, los futbolistas deberán experimentar y adquirir experiencia enfrentándose a los diversos desafíos que les plantearemos, los cuales surgirán naturalmente durante el juego.

Es fundamental que los futbolistas aprendan a encontrar soluciones por sí mismos en un principio, y luego nosotros podremos guiarlos en el proceso.

En esta fase, debemos prestar especial atención a ciertos términos y conceptos que surgirán de manera recurrente durante el juego y que los futbolistas deberán comprender para poder ponerlos en práctica de manera adecuada.

Debemos exponer a nuestros jugadores a una variedad de situaciones de juego que reflejen lo que encontrarán en los partidos al utilizar nuestro estilo de juego. A través de su percepción y análisis, los jugadores tomarán decisiones que podrán ser acertadas o no, pero que les proporcionarán una experiencia valiosa. Esta experiencia les será útil en el futuro cuando se enfrenten nuevamente a situaciones similares.

SEGUNDA FASE: ESTUDIO Y PROGRESO DEL ESTILO DE JUEGO

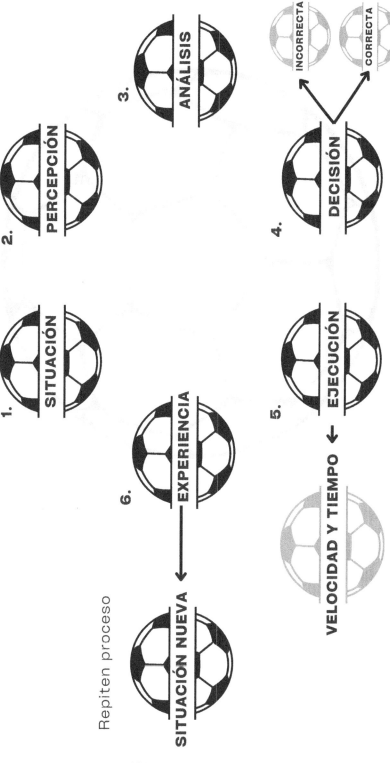

1. SITUACIÓN
2. PERCEPCIÓN
3. ANÁLISIS
4. DECISIÓN → INCORRECTA / CORRECTA
5. EJECUCIÓN
6. EXPERIENCIA → SITUACIÓN NUEVA

VELOCIDAD Y TIEMPO

Repiten proceso

154

A veces la DECISIÓN y EJECUCIÓN DE ACCIONES nos dan menos o más ventajas en el juego, todo dependerá del grado de riesgo de la acción o de la valentía del futbolista.

Cuanto más se repita la situación de juego, mayor experiencia adquirirá el jugador y más ventaja obtendrá en esa situación, lo que beneficiará al equipo.
Es importante recordar que durante estas tareas y los partidos, nuestros consejos serán vitales para que los jugadores resuelvan las situaciones de manera correcta y con naturalidad.

Para desarrollar esta fase, utilizaremos en los entrenamientos TAREAS ABIERTAS, que permiten buscar soluciones dentro del juego. Estas tareas pueden incluir juegos reducidos, rondos, situaciones de partido, partidos de doble área, entre otros.

Tercera fase. Generar Hábitos y Automatismos

Damos un pasito más en nuestra progresión y ahora nos toca centrarnos en el futbolista, en los futbolistas y en el equipo dentro de nuestro estilo de juego.

Esta fase es crucial porque constituye la antesala para ver nuestro estilo de juego en acción durante los partidos. Debemos haber trabajado todos los aspectos grupales para asegurarnos de que nuestra entrada en escena sea brillante y que se vean los fundamentos que pueden dar frutos a lo largo de la temporada.
Es importante señalar que esta fase se trabajará de manera continua a lo largo de la temporada, al igual que las anteriores, para ajustar nuestro estilo de juego y hacer que el equipo sea cada vez más competitivo.

Para lograrlo, es fundamental identificar los puntos fuertes del equipo para potenciarlos, así como los aspectos que necesitan mejora para encontrar soluciones y progresar en ellos.

En los entrenamientos de esta fase, utilizaremos tareas que requieran asociación entre los jugadores para encontrar la mejor solución posible. Tareas de tecnificación, evoluciones y progresiones deben formar parte de esta etapa de preparación.

Cuarta fase. Interiorización de Conceptos Claves (Estilo de Juego Frente a la Adversidad, Competición y Rendimiento)

En esta fase, el protagonismo recae en el equipo, ya que todo el enfoque se dirige hacia la búsqueda del nivel máximo de competitividad de nuestra escuadra. Es imperativo canalizar hacia el colectivo todas las fortalezas inherentes a nuestros futbolistas, con el propósito de alcanzar un grado óptimo de competitividad. También es importante, tomar decisiones acertadas para que el trabajo individual de cada jugador contribuya al beneficio del equipo y se traduzca en un conjunto invencible, una aspiración fundamental para cualquier entrenador.

La posesión de conocimientos profundos y la experiencia ineludible sobre el estilo de juego que deseamos implementar se vuelven de suma relevancia para nosotros como entrenadores. A partir de este punto, recae en nuestras manos gran parte de la responsabilidad de asegurar que el equipo se desenvuelva conforme a la táctica deseada, lo que se convierte en un factor determinante para alcanzar nuestro estilo de juego.

En esta fase, es importante tener en cuenta ciertos aspectos clave al crear tareas de entrenamiento:

- Reglas de provocación.
- Restricciones.
- Obligatoriedades.
- Situaciones reales de partido.
- Estrategias operativas.

Para lograrlo, utilizaremos tareas como situaciones de partido, prácticas de ataque contra defensa y viceversa, mini partidos y, por supuesto, partidos de diversa índole, incluidos los amistosos. Estos últimos serán utilizados como oportunidades para probar todo lo trabajado, llevándolo a cabo de manera exagerada para que sirva como una experiencia lo más real posible para cuando lleguen los partidos de competición.

Por ejemplo, podemos enfocar un amistoso en el ataque vertical utilizando las bandas o el carril central de manera exagerada.

A partir de este momento, te toca a ti implantar tu estilo de juego directo en tu equipo utilizando las fases que acabas de aprender. ¡Buena suerte en tu trabajo, amigo!

2.3. ESTRUCTURA DE LAS SESIONES DE ENTRENAMIENTO

A la hora de crear y programar mis sesiones de entrenamiento, sigo una planificación muy estructurada que se desarrolla desde lo simple hacia lo complejo, siempre manteniendo claro lo que quiero y debo trabajar. En primer lugar, dedico una parte al calentamiento, seguido por una fase inicial donde introduzco los conceptos básicos de la sesión. Luego, paso a la parte principal, que incluye la tarea estrella de la sesión, a la que presto la máxima atención para luego evaluar cómo ha sido su ejecución y determinar qué aspectos debo seguir trabajando. Finalmente, concluyo la sesión con una vuelta a la calma.

Calentamiento: TAREAS PARA LA MEJORA DE LA HABILIDAD INDIVIDUAL.

- Trabajar rutinas de paraditas para la mejora del control del balón
- Utilizar rueda de pases para la mejora del pase y la recepción, control orientado, giros, conducción y control del balón.
- Utilizar diferentes tipos de rondos para la mejora del pase, la recepción, el control orientado, el dominio del pase, pase tenso, pase al pie más alejado del rival.
- Usar tareas de tecnificación para la mejora de algún aspecto en particular y de manera específica

- Circuitos para la mejora del control del balón, de la conducción, del giro, de la precisión, de la velocidad de pase, del pase y la recepción.

Parte Inicial: TAREAS DONDE TRABAJAMOS CON PEQUEÑOS GRUPOS

- Usar tareas de juegos reducidos
- Tareas de evoluciones
- Tareas específicas
- Finalizaciones
- Juegos de posesión
- Juegos de posición
- Juegos de presión
- Partidos doble área

Aspectos a tener en cuenta durante la realización de las tareas anteriores:

Mejora del control del balón, mejora del pase y la recepción, control orientado, giros, conducción, pase tenso, pase al pie más alejado del rival, tocar antes de que llegue el rival, mirar antes de recibir para tomar buenas decisiones, buscar al hombre libre, dar de cara si traigo a un rival pegado, realizar desmarques y apoyos, dar los toques necesarios para que la circulación de balón sea la adecuada, moverse para dar opciones de pase a nuestro compañero, y mejorar la precisión de disparo.

Parte Principal: TAREAS EN GRAN GRUPO O INCLUSO EQUIPO AL COMPLETO

- Partidos ataque – defensa
- Partidos defensa – ataque

- Partidos condicionados
- Partidos con reglas de provocación
- Partidos con trabajo táctico

PARTIDOS AMISTOSOS SI FUESE NECESARIO (es una herramienta que suelo usar cuando quiero ver los conceptos a trabajar en gran grupo)

Aspectos a tener en cuenta durante la realización de dichas tareas:

Mejora del control del balón, mejora del pase y la recepción, control orientado, giros, conducción, pase tenso, pase al pie más alejado del rival para dar ventaja al compañero, tocar antes de que llegue el rival, mirar antes de recibir para tomar buenas decisiones, buscar al hombre libre, dar de cara si traigo a un rival pegado, realizar desmarques y apoyos, dar los toques necesarios para que la circulación de balón sea la adecuada, moverme para dar opciones de pase a nuestro compañero, trabajo de paredes, de buscar al tercer hombre, utilizar el pase seguro y el pase para romper líneas, uso del pase corto, medio y largo según lo necesite la acción.

Vuelta a la calma: TAREAS DE RELAJACIÓN

- Tarea de tecnificación para desarrollar un aspecto específico (debe ser lúdico y de muy baja intensidad).
- Estiramientos.

2 . 1

JUEGO DE POSICIÓN

PLANIFICACIÓN DE LAS 8 SEMANAS PARA IMPLANTARLO.

ASPECTOS A TENER EN CUENTA

TRABAJO INDIVIDUAL	TRABAJO GRUPAL (COMBINAR)
• Control del balón con diferentes partes del cuerpo. • Recepción del balón de manera adecuada con opción de seguir con la siguiente acción. • Control orientado. • Dominio del pase con diferentes partes del pie. • Dominio de los pases cortos, medios y largos. • Dar pase con ventaja al compañero. • Conducción. • Giros.	• Pase preciso y con la velocidad adecuada (pase tenso). • Pase al pie más alejado del rival. • Tocar antes de que llegue el rival. • Mirar antes de recibir para tomar una buena decisión. • De espalda, tocar de primeras. • Buscar al hombre libre. • Saber hacer paredes. • Buscar al tercer hombre. • Pase seguro. • Desmarques y apoyos. • Dar pase y moverse. • Dar los toques necesarios (mejor pocos que muchos para favorecer la circulación y que la presión del rival no sea efectiva).

PLANIFICACIÓN DE LA PRETEMPORADA PARA IMPLANTAR EL ESTILO DE JUEGO DE POSICIÓN

S. L	MARTES	MIÉRCOLES	J	VIERNES	FINDE
1	OBJ. PRINCIPAL: ATAQUE ORGANIZADO EN ZONA 1 (SALIDA DE BALÓN) OBJ. SECUNDARIO: REORGANIZACIÓN DEFENSIVA (TRANSICIÓN DEFENSIVA)	OBJ. PRINCIPAL: ATAQUE ORGANIZADO EN ZONA 1 (SALIDA DE BALÓN) OBJ. SECUNDARIO: REORGANIZACIÓN DEFENSIVA (DEFENSA ORGANIZADA)		OBJ. PRINCIPAL: ATAQUE ORGANIZADO EN ZONA 1 Y 1/2 (SALIDA DE BALÓN + PROGRESIÓN EN EL JUEGO) OBJ. SECUNDARIO: REORGANIZACIÓN DEFENSIVA (TRANSICION DEFENSIVA)	
2	OBJ. PRINCIPAL: ATAQUE ORGANIZADO EN ZONA 1 Y 1/2 (SALIDA DE BALÓN + PROGRESIÓN EN EL JUEGO) OBJ. SECUNDARIO: REORGANIZACIÓN DEFENSIVA (DEFENSA ORGANIZADA)	OBJ. PRINCIPAL: ATAQUE ORGANIZADO EN ZONA 2 (PROGRESIÓN EN EL JUEGO) OBJ. SECUNDARIO: REORGANIZACIÓN DEFENSIVA (TRANSICIÓN DEFENSIVA)		OBJ. PRINCIPAL: ATAQUE ORGANIZADO EN ZONA 2 (PROGRESIÓN EN EL JUEGO) OBJ. SECUNDARIO: REORGANIZACIÓN DEFENSIVA (DEFENSA ORGANIZADA)	
3	OBJ. PRINCIPAL: ATAQUE ORGANIZADO EN ZONA 2 Y 2/3 (PROGRESIÓN + FINALIZACIÓN) OBJ. SECUNDARIO: REORGANIZACIÓN DEFENSIVA (TRANSICIÓN DEFENSIVA)	OBJ. PRINCIPAL: ATAQUE ORGANIZADO EN ZONA 2 Y 2/3 (PROGRESIÓN + FINALIZACIÓN) OBJ. SECUNDARIO: REORGANIZACIÓN DEFENSIVA (ORGANIZACIÓN DEFENSIVA)		OBJ. PRINCIPAL: ATAQUE ORGANIZADO EN ZONA 3 (FINALIZACIÓN) OBJ. SECUNDARIO: REORGANIZACIÓN DEFENSIVA (TRANSICIÓN DEFENSIVA)	
4	OBJ. PRINCIPAL: ATAQUE ORGANIZADO EN ZONA 3 (FINALIZACIÓN) OBJ. SECUNDARIO: REORGANIZACIÓN DEFENSIVA (DEFENSA ORGANIZADA)	OBJ. PRINCIPAL: DEFENSA ORGANIZADA EN ZONA 1 RIVAL (PRESIÓN) OBJ. SECUNDARIO: TRANSICIÓN OFENSIVA (CONTRAATAQUE) (FINALIZACIÓN)		OBJ. PRINCIPAL: DEFENSA ORGANIZADA EN ZONA 1 RIVAL (PRESIÓN) OBJ. SECUNDARIO: ATAQUE ORGANIZADO (FINALIZACIÓN)	

PLANIFICACIÓN DE LA PRETEMPORADA PARA IMPLANTAR EL ESTILO DE JUEGO DE POSICIÓN

S.	L	MARTES	MIÉRCOLES	J	VIERNES	FINDE
5		**OBJ. PRINCIPAL: DEFENSA ORGANIZADA EN ZONA 1-2 Y 1 RIVAL (PRESIÓN)** OBJ. SECUNDARIO: TRANSICIÓN OFENSIVA (CONTRAATAQUE) (FINALIZACIÓN)	**OBJ. PRINCIPAL: DEFENSA ORGANIZADA EN ZONA 1-2 Y 1 RIVAL (PRESIÓN)** OBJ. SECUNDARIO:ATAQUE ORGANIZADO (FINALIZACIÓN)		**OBJ. PRINCIPAL: DEFENSA ORGANIZADA EN ZONA 2 RIVAL (PRESIÓN)** OBJ. SECUNDARIO: TRANSICIÓN OFENSIVA (CONTRAATAQUE)	
6		**OBJ. PRINCIPAL: DEFENSA ORGANIZADA EN ZONA 2 RIVAL (PRESIÓN)** OBJ. SECUNDARIO: ATAQUE ORGANIZADO	**OBJ. PRINCIPAL: DEFENSA ORGANIZADA EN ZONA 2 RIVAL (PRESIÓN)** OBJ. SECUNDARIO: TRANSICION OFENSIVA O ATAQUE ORGANIZADO (FINALIZACIÓN)		**OBJ. PRINCIPAL: DEFENSA ORGANIZADA EN ZONA 2-3 Y 3 RIVAL (PRESIÓN)** OBJ. SECUNDARIO: TRANSICIÓN OFENSIVA (CONTRAATAQUE)	
7		**OBJ. PRINCIPAL: DEFENSA ORGANIZADA EN ZONA 2-3 Y 3 RIVAL (PRESIÓN)** OBJ. SECUNDARIO: ATAQUE ORGANIZADO	**OBJ. PRINCIPAL: DEFENSA ORGANIZADA EN ZONA 2-3 Y 3 RIVAL (PRESIÓN)** OBJ. SECUNDARIO: TRANSICIÓN OFENSIVA O ATAQUE ORGANIZADO (FINALIZACIÓN)		**OBJ. PRINCIPAL: DEFENSA ORGANIZADA EN ZONA 3 RIVAL (PRESIÓN)** OBJ. SECUNDARIO: TRANSICIÓN OFENSIVA (CONTRAATAQUE)	
8		**OBJ. PRINCIPAL: DEFENSA ORGANIZADA EN ZONA 3 RIVAL (PRESIÓN)** OBJ. SECUNDARIO: ATAQUE ORGANIZADO	**OBJ. PRINCIPAL: DEFENSA ORGANIZADA EN ZONA 3 RIVAL (PRESIÓN)** OBJ. SECUNDARIO: TRANSICIÓN OFENSIVA O ATAQUE ORGANIZADO (FINALIZACIÓN)		**OBJ. PRINCIPAL: ATAQUE ORGANIZADO EN TODAS LAS ZONAS** OBJ. SECUNDARIO: TRANSICIÓN DEFENSIVA Y DEFENSA ORGANIZADA.	

PARTE PRÁCTICA

En las siguientes páginas encontrarás:

1ª SEMANA DE PRETEMPORADA para IMPLANTAR el ESTILO DE JUEGO DE POSICIÓN.

a) Martes: Sesión 1 del primer microciclo
b) Miércoles: Sesión 2 del primer microciclo
c) Viernes: Sesión 3 del primer microciclo

Todas y cada una de las sesiones del microciclo vienen con sus tareas y su explicación en video. No hay excusa para no poner en práctica todo lo aprendido.

SESIÓN 1 MARTES	SESIÓN 2 MIÉRCOLES	SESIÓN 3 VIERNES
OBJ. PRI. ATAQUE ORGANIZADO EN ZONA 1 (SALIDA DE BALÓN)	OBJ. PRI. ATAQUE ORGANIZADO EN ZONA 1 (SALIDA DE BALÓN)	OBJ. PRI. ATAQUE ORGANIZADO EN ZONA 1 Y 1-2 (SALIDA DE BALÓN + PROGRESIÓN EN EL JUEGO)
OBJ. SEC. REORGANIZACIÓN DEFENSIVA (TRANSICIÓN DEFENSIVA)	OBJ. SEC. REORGANIZACIÓN DEFENSIVA (DEFENSA ORGANIZADA)	OBJ. SEC. REORGANIZACIÓN DEFENSIVA (TRANSICIÓN DEFENSIVA)

1ª SEMANA DE PRETEMPORADA - IMPLANTAR ESTILO DE JUEGO DE POSICIÓN

SESIÓN 1 MARTES OBJ. PRI. ATAQUE ORGANIZADO EN ZONA 1 (SALIDA DE BALÓN) OBJ. SEC. REORGANIZACIÓN DEFENSIVA (TRANSICIÓN DEFENSIVA)	SESIÓN 2 MIÉRCOLES OBJ. PRI. ATAQUE ORGANIZADO EN ZONA 1 (SALIDA DE BALÓN) OBJ. SEC. REORGANIZACIÓN DEFENSIVA (DEFENSA ORGANIZADA)	SESIÓN 3 VIERNES OBJ. PRI. ATAQUE ORGANIZADO EN ZONA 1 Y 1-2 (SALIDA DE BALÓN + PROGRESIÓN EN EL JUEGO) OBJ. SEC. REORGANIZACIÓN DEFENSIVA (TRANSICIÓN DEFENSIVA)
1. CALENTAMIENTO	**1. CALENTAMIENTO**	**1. CALENTAMIENTO**
Rueda de pase	Rondo	Rondo
2. PARTE INICIAL	**2. PARTE INICIAL**	**2. PARTE INICIAL**
Juego de posición	Juego de posición	Juego reducido
3. PARTE PRINCIPAL	**3. PARTE PRINCIPAL**	**3. PARTE PRINCIPAL**
Partido con trabajo táctico	Partido con reglas de provocación mitad medio campo	Partido trabajo táctico medio campo
4. VUELTA A LA CALMA	**4. VUELTA A LA CALMA**	**4. VUELTA A LA CALMA**
Tecnificación control de balón	Tecnificación pases de media y larga distancia.	Tecnificación pase + control orientado

1ª SEMANA DE PRETEMPORADA - IMPLANTAR ESTILO DE JUEGO DE POSICIÓN

SESIÓN 1 MARTES

OBJ. PRI. ATAQUE ORGANIZADO EN ZONA 1 (SALIDA DE BALÓN)

OBJ. SEC. REORGANIZACIÓN DEFENSIVA (TRANSICIÓN DEFENSIVA)

1. CALENTAMIENTO

Rueda de pase

2. PARTE INICIAL

Juego de posición

3. PARTE PRINCIPAL

Partido con trabajo táctico

4. VUELTA A LA CALMA

Tecnificación control de balón

TAREA 1: calentamiento - Rueda de pase

OBJETIVOS

Mejora de las habilidades técnicas, el pase, la recepción y el control orientado. Facilitar la asociación con compañeros de equipo, otorgándoles una ventaja sobre el rival.

MATERIALES	Nº DE JUGADORES
• Balones • Conos planos	Cinco jugadores por carril. 10 jugadores por carril, luego, cambio de carril.

DESCRIPCIÓN

Comenzamos creando un rectángulo con otro rectángulo más pequeño en su interior. Dentro de esta área, colocamos conos planos para designar las posiciones de los jugadores, lo que facilita la creación de asociaciones entre ellos. En el carril interior del rectángulo, posicionamos al Jugador 1, mientras que en el carril exterior ubicamos al Jugador 2. El ejercicio se inicia con el Jugador 1 pasando el balón al Jugador 2, quien lo controla y luego lo pasa al Jugador 3. Este último, estando de espaldas, hace una pared con el Jugador 2. Seguidamente, el Jugador 2 realiza un pase tenso hacia el Jugador 4. El Jugador 4 recibe el balón, conduce unos metros y luego envía un pase tenso con el empeine al Jugador 5, que estaba esperando para entrar en acción. Cada jugador asume el rol del jugador al que pasó el balón, continuando así el flujo del ejercicio.

DESCRIPCIÓN GRÁFICA

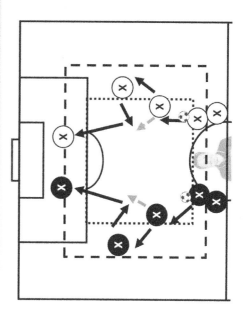

NORMATIVA DE CARGA

Duración de la repetición	6' + 6'
Número de repeticiones	2
Descanso entre repeticiones	2'
Tiempo total	14'

TAREA 2. Parte Inicial: Juego de Posición (6 x 6 x 6 c exteriores).)

Fecha: martes

OBJETIVOS

Mejora del pase y la recepción, perfeccionamiento de la asociación, búsqueda efectiva del hombre libre y desarrollo del juego posicional.

MATERIALES	Nº DE JUGADORES
• Balones • Conos planos • Petos	18 jugadores. Tres equipos de 6 jugadores.

DESCRIPCIÓN GRÁFICA

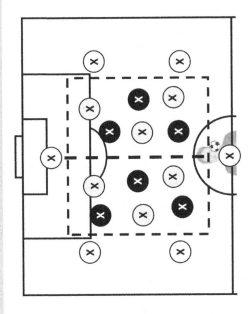

DESCRIPCIÓN

Creamos un rectángulo dividido en dos zonas. Alrededor del rectángulo, colocamos jugadores para realizar el juego de posición. Los roles de los jugadores externos serían portero, lateral, extremo y delantero, si jugáramos con el sistema por excelencia del juego de posición (1-4-3-3). La idea es que el equipo que posee el balón tendrá que colocar siempre tres jugadores en cada rectángulo interior para asociarse, idealmente serían los centrocampistas y los centrales. El objetivo principal es tener superioridad numérica en cada rectángulo interior.

NORMATIVA DE CARGA

Duración de la repetición	8' + 8' + 8'
Número de repeticiones	3
Descanso entre repeticiones	3'
Tiempo total	27'

169

TAREA 3. Parte Principal: partido con trabajo táctico (7x5 +1P)

OBJETIVOS

Mejora de la salida de balón

MATERIALES	Nº DE JUGADORES
• Balones • Conos planos • 4 picas	12 jugadores de campo 1 portero

DESCRIPCIÓN GRÁFICA

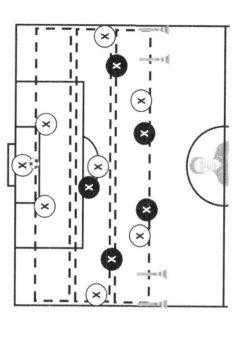

*Esta tarea la tienes explicada en vídeo en la zona audiovisual

DESCRIPCIÓN

El equipo que tiene al portero deberá realizar un ataque organizado, iniciando desde el saque de meta y progresando con el balón controlado a través de las puertas creadas con las picas.

Objetivo Principal: Deben circular el balón de tal manera que impidan al equipo rival robar la posesión. Para ello, deben buscar al hombre libre, crear superioridad numérica y disponer a los jugadores de forma que el campo se haga ancho, dificultando la defensa del rival.

Objetivo Secundario: Tras perder el balón, el equipo debe reorganizarse rápidamente para impedir que el rival ataque por el carril central y finalice la jugada con un disparo rápido. El portero estará atento a disparos del rival desde cualquier posición.

NORMATIVA DE CARGA

Duración de la repetición	10' + 10'
Número de repeticiones	2
Descanso entre repeticiones	2'
Tiempo total	22'

TAREA 4. Vuelta a la calma: tecnificación de pase + control orientado

Fecha: martes

DESCRIPCIÓN

Por parejas tienen que realizar un recorrido sin que se les caiga el balón. Deberán usar cualquier parte del cuerpo excepto los brazos para poder llegar hasta el final del recorrido sin que se les caiga el esférico. Deben de ir dándose pases entre ellos.

Cuando lleguen a la línea creada por conos planos deberán rematar y meter el balón dentro de la cesta que hemos preparado como canasta.

Cuando consiguen meter 2 balones (uno cada uno) han conseguido sus puntos del día y se van a estirar. Tienen un límite de tiempo para conseguir el objetivo.

OBJETIVOS

Mejorar las habilidades individuales de los futbolistas trabajando en tríos.

MATERIALES	N° DE JUGADORES
• Balones • Conos planos • Picas	Tres jugadores de campo

DESCRIPCIÓN GRÁFICA

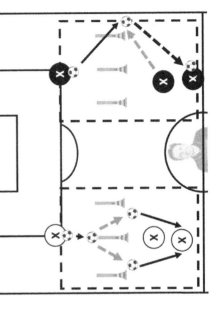

NORMATIVA DE CARGA

Duración de la repetición	7'
Número de repeticiones	1
Descanso entre repeticiones	
Tiempo total	15'

171

1. CALENTAMIENTO

Rondo

2. PARTE INICIAL

Juego de posición

3. PARTE PRINCIPAL

Partido con reglas de provocación mitad medio campo

4. VUELTA A LA CALMA

Tecnificación pases de media y larga distancia.

SESIÓN 2 MIÉRCOLES

OBJ. PRI. ATAQUE ORGANIZADO EN ZONA 1 (SALIDA DE BALÓN)

OBJ. SEC. REORGANIZACIÓN DEFENSIVA (DEFENSA ORGANIZADA)

TAREA 1: calentamiento - Rondo posicional

OBJETIVOS

Mejorar habilidades técnicas, enfocándose en el pase, recepción y control orientado Facilitar la asociación con el compañero, otorgándole ventaja frente al rival.

MATERIALES	N° DE JUGADORES
• Balones • Conos planos	7 jugadores: 3 jugadores en ofensivo. 2 carrileros. 2 jugadores parar robar.

DESCRIPCIÓN

Crearemos un rectángulo. En las líneas frontales colocaremos a un jugador y en las líneas laterales a otros dos jugadores. Separaremos la línea lateral con unos conos para diferenciar las dos zonas. Dentro del rectángulo, colocaremos a un jugador que ayudará a mantener la posesión y a dos jugadores que tendrán que intentar robar el balón.

La idea es mantener la posesión del balón creando superioridades, teniendo en cuenta que la amplitud la proporcionan los carrileros y la profundidad la dan el central (a través de un pase seguro) y el mediapunta (rompiendo líneas)

DESCRIPCIÓN GRÁFICA

NORMATIVA DE CARGA

Duración de la repetición	6' + 6'
Número de repeticiones	2
Descanso entre repeticiones	2'
Tiempo total	14'

173

TAREA 2. Parte Inicial: Juego de posesión 8X8+3C (Exteriores)   Fecha: miércoles

OBJETIVOS

Mejora del pase y la recepción. Mejora de la asociación. Mejora de la búsqueda del hombre libre.

MATERIALES	Nº DE JUGADORES
• Balones • Conos planos • Petos	19 jugadores: 2 equipos de 8 jugadores de campo y 3 comodines.

DESCRIPCIÓN GRÁFICA

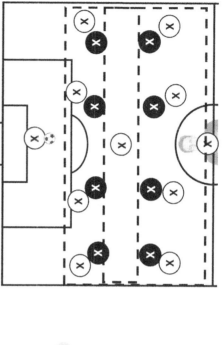

DESCRIPCIÓN

Crearemos un rectángulo dividido en dos zonas y un carril interior, donde un jugador (nuestro mediocentro) esperará recibir el balón de su línea defensiva. En el exterior del rectángulo, colocamos jugadores para realizar el juego de posición, incluyendo a mis dos porteros.

La idea es hacer circular el esférico con la línea defensiva, sabiendo que tienen un pase seguro al portero. Cuando se cree un carril o espacio, deben conectar con el jugador del carril interior (mediocentro). Una vez que el jugador del carril interior tenga el balón, deben buscar conectar con un jugador del otro rectángulo y con el portero de ese rectángulo.

NORMATIVA DE CARGA

Duración de a repetición	10' + 10'
Número de repeticiones	2
Descansc entre repeticiones	2'
Tiempo total	22'

174

TAREA 3. Parte Principal: partido con reglas de provocación (8x7+1P)

DESCRIPCIÓN

El equipo que cuenta con el portero deberá realizar un ataque organizado, iniciando desde el saque de meta y progresando con el balón controlado hasta conectar con el delantero para anotar gol en una minipuerta (simulando sacar el balón y progresar adecuadamente hasta la mitad de la cancha).

Objetivo Principal: Deben mantener la circulación del balón de tal manera que el equipo rival no logre robar la posesión. Para esto, deben buscar al hombre libre, crear superioridad y posicionar a los jugadores de forma que el campo se amplíe, dificultando la defensa del rival.

Objetivo Secundario: Tras perder el balón, el equipo debe reorganizarse rápidamente para prevenir que el rival ataque el carril central y finalice la jugada rápidamente con un disparo. El portero deberá estar atento a disparos del rival desde cualquier posición.

OBJETIVOS

Mejora de la salida de balón

MATERIALES	N° DE JUGADORES
• Balones • Conos planos • Miniporterías • Petos	15 jugadores de campo 1 portero

DESCRIPCIÓN GRÁFICA

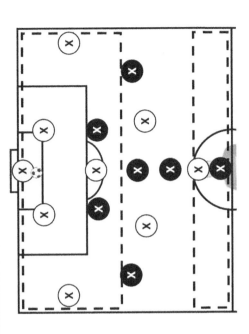

*Esta tarea la tienes explicada en vídeo en la zona audiovisual

NORMATIVA DE CARGA

Duración de la repetición	10' + 10'
Número de repeticiones	2
Descanso entre repeticiones	2'
Tiempo total	22'

175

TAREA 4: vuelta a la calma – tecnificación pase medio – largo (cambios de orientación)

Fecha: miércoles

DESCRIPCIÓN

En la Zona 1 colocamos la línea defensiva, el arquero y el mediocentro, quienes se pasan el balón realizando diferentes golpeos de media y larga distancia para mejorar este aspecto, vital para superar a los rivales y su presión. A veces, es necesario encontrar al hombre libre en la distancia.

Se realizarán tres estaciones:

- La primera, donde el protagonismo lo tiene el arquero.
- La segunda, donde los centrales realizan el pase principal.
- La tercera, donde los laterales o carrileros efectúan el pase principal.
- La cuarta, donde el mediocentro realiza el pase principal.

OBJETIVOS

Mejorar las habilidades individuales, enfocado en el trabajo del pase y en la mejora del golpeo para pases medios o largos, especialmente en los cambios de orientación

MATERIALES	Nº DE JUGADORES
• Balones • Conos planos	5 jugadores de campo y 1 portero

DESCRIPCIÓN GRÁFICA

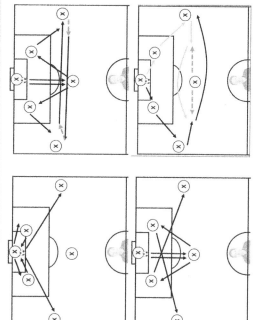

NORMATIVA DE CARGA

Duración de la repetición	3' + 3' + 3' + 3'
Número de repeticiones	1
Descanso entre repeticiones	
Tiempo total	15'

176

1ª SEMANA DE PRETEMPORADA - IMPLANTAR ESTILO DE JUEGO DE POSICIÓN

SESIÓN 3 VIERNES

OBJ. PRI. ATAQUE ORGANIZADO EN ZONA 1 Y 1-2 (SALIDA DE BALÓN + PROGRESIÓN EN EL JUEGO)

OBJ. SEC. REORGANIZACIÓN DEFENSIVA (TRANSICIÓN DEFENSIVA)

1. CALENTAMIENTO
Rondo

2. PARTE INICIAL
Juego reducido

3. PARTE PRINCIPAL
Partido trabajo táctico medio campo

4. VUELTA A LA CALMA
Tecnificación pase + control orientado

TAREA 1: calentamiento – Multirondos (3x1)

OBJETIVOS

Mejorar las habilidades técnicas, el pase, la recepción y el control orientado para facilitar la asociación con el compañero, otorgándole una ventaja sobre el rival. Incluir el desmarque de apoyo y la búsqueda del hombre libre.

MATERIALES	Nº DE JUGADORES
• Balones • Conos planos	16 jugadores: 4 jugadores por rondo

DESCRIPCIÓN

Crearemos 4 rondos con forma de triángulos, en los que colocaremos a tres jugadores por fuera y uno por dentro, cuya tarea será robar el esférico. Los jugadores que están en la Zona 1, después de pasar el balón, deberán ofrecer un apoyo en el rondo de al lado para seguir manteniendo la posesión, trabajando el concepto de "toco y me voy", mientras otro compañero ocupa su espacio. Los jugadores situados en la Zona 2 harán lo mismo. En cambio, los jugadores de la Zona 3 mantendrán su posición después del pase, ya que los usaremos como jugadores anclados para asegurar un pase seguro

DESCRIPCIÓN GRÁFICA

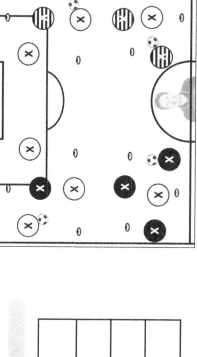

NORMATIVA DE CARGA

Duración de a repetición	6' + 6'
Número de repeticiones	2
Descanso entre repeticiones	2'
Tiempo total	14'

TAREA 2. Parte Inicial: Juego reducido 3X3+1C+2P (carril exterior)   Fecha: viernes

DESCRIPCIÓN

Crearemos un rectángulo dividido en dos carriles laterales y un gran rectángulo interior. En el rectángulo interior, colocaremos a 4 jugadores con petos del mismo color (simulando lateral, defensa, lateral y, por delante, centrocampista), y otro equipo con delantero, extremos y mediapunta. Añadiremos a un jugador que actuará como comodín para ayudar al equipo que mantiene la posesión. En los carriles exteriores, situaremos a un portero que nos proporcionará un pase seguro siempre; en esta zona, el rival no puede entrar para robar el esférico. El objetivo del equipo que posee el balón es realizar una salida limpia desde el arquero. El objetivo secundario es reorganizarse defensivamente de manera rápida para prevenir un contraataque, cubriendo principalmente el carril central, por lo que se penaliza con -3 si nos anotan un gol por esa zona.
Variante: Podemos establecer un número de pases antes de finalizar para trabajar la circulación del balón.

OBJETIVOS

Mejora del pase y la recepción, perfeccionamiento de la asociación entre jugadores, búsqueda efectiva del hombre libre y desarrollo del juego posicional.

MATERIALES	Nº DE JUGADORES
• Balones • Conos planos • Petos	19 jugadores en total, 2 equipos de 8 jugadores de campo cada uno y 3 comodines.

DESCRIPCIÓN GRÁFICA

NORMATIVA DE CARGA

Duración de la repetición	10' + 10'
Número de repeticiones	2
Descanso entre repeticiones	2'
Tiempo total	22'

179

TAREA 3. Parte Principal: partido trabajo táctico (8X8+3P o 8x8+2P)

Fecha: viernes

DESCRIPCIÓN

OBJETIVOS

Mejora de la salida de balón.

MATERIALES	Nº DE JUGADORES
• Balones • Conos planos • Petos • 3 Mini Porterías	15 jugadores de campo 1 portero

DESCRIPCIÓN GRÁFICA

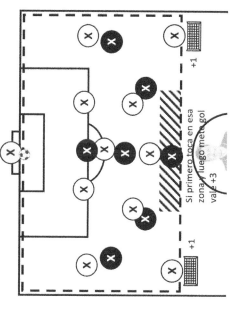

+1

Si primero toca en esa zona, luego mete gol vale +3

+1

*Esta tarea la tienes explicada en video en la zona audiovisual

El equipo que cuenta con el portero deberá ejecutar un ataque organizado, comenzando desde el saque de meta y progresando con el balón controlado hasta lograr anotar en las porterías ubicadas en los carriles laterales. Esto se enfoca en trabajar la salida de balón y la progresión por la banda.

Objetivo Principal: Deben circular el balón de tal manera que eviten que el equipo rival lo robe. Para esto, deben buscar al hombre libre, crear superioridad y colocar jugadores de forma que el campo se amplíe, dificultando así la defensa rival.

Objetivo Secundario: Tras perder el esférico, el equipo debe reorganizarse rápidamente para impedir que el rival ataque por el carril central y finalice la jugada rápidamente con un disparo.

Si logramos conectar con nuestro delantero en la zona azul, y este toca el balón con un compañero seguido de un gol en las porterías de los carriles laterales, se valorará el triple. La idea es meter el balón por dentro para atacar por fuera.

NORMATIVA DE CARGA

Duracion de la repetición	10' + 10'
Número de repeticiones	2
Descanso entre repeticiones	2'
Tiempo total	22'

180

TAREA 4: vuelta a la calma – tecnificación de pase + control orientado

DESCRIPCIÓN

Trabajamos los pases y controles a través de un circuito con diferentes tipos de pases y utilizando distintas partes del pie. Colocamos a 6 jugadores en diferentes lugares, y entre ellos se van pasando el balón.

Puntos a tener en cuenta:

- El pase debe ser tenso en todo momento.
- La posición del cuerpo debe estar perfectamente ajustada antes de recibir el pase para tener ventaja en el siguiente.

OBJETIVOS

Mejorar las habilidades individuales de los futbolistas enfocándose en el trabajo del pase. Mejora del golpeo en pases medios utilizando diferentes superficies del pie.

MATERIALES	Nº DE JUGADORES
• Balones • Conos planos	6 jugadores de campo

DESCRIPCIÓN GRÁFICA

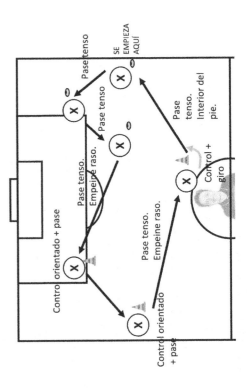

NORMATIVA DE CARGA

Duración de la repetición	3' +3' +3' +3'
Número de repeticiones	1
Descanso entre repeticiones	
Tiempo total	15'

181

2.2

JUEGO DE POSESIÓN

PLANIFICACIÓN DE LAS 8 SEMANAS PARA IMPLANTARLO.

ASPECTOS A TENER EN CUENTA

TRABAJO INDIVIDUAL	TRABAJO GRUPAL (COMBINAR)
• Control del balón con diferentes partes del cuerpo. • Recepción del balón de manera adecuada con opción de seguir con la siguiente acción. • Control orientado. • Dominio del pase con diferentes partes del pie. • Dominio de los pases cortos, medios y largos. • Dar pase con ventaja al compañero. • Conducción. • Giros.	• Pase preciso y con la velocidad adecuada (pase tenso). • Pase al pie más alejado del rival. • Tocar antes de que llegue el rival. • Mirar antes de recibir para tomar una buena decisión. • De espalda, tocar de primeras. • Buscar al hombre libre. • Saber hacer paredes. • Buscar al tercer hombre. • Pase seguro. • Desmarques y apoyos. • Dar pase y moverse. • Dar los toques necesarios (mejor pocos que muchos para favorecer la circulación y que la presión del rival no sea efectiva).

PLANIFICACIÓN DE LA PRETEMPORADA PARA IMPLANTAR EL ESTILO DE JUEGO DE POSESIÓN

S. L	MARTES	MIÉRCOLES	J VIERNES	FINDE
1	OBJ. PRINCIPAL: ATAQUE ORGANIZADO EN ZONA 1 (SALIDA DE BALÓN) OBJ. SEC-JNDARIO: REORGANIZACIÓN DEFENSIVA (TRANSICIÓN DEFENSIVA)	OBJ. PRINCIPAL: ATAQUE ORGANIZADO EN ZONA 1 (SALIDA DE BALÓN) OBJ. SECUNDARIO: REORGANIZACIÓN DEFENSIVA (DEFENSA ORGANIZADA)	OBJ. PRINCIPAL: ATAQUE ORGANIZADO EN ZONA 1 Y 1/2 (SALIDA DE BALÓN + PROGRESIÓN EN EL JUEGO) OBJ. SECUNDARIO: REORGANIZACIÓN DEFENSIVA (TRANSICIÓN DEFENSIVA)	
2	OBJ. PRINCIPAL: ATAQUE ORGANIZADO EN ZONA 1 Y 1/2 (SALIDA DE BALÓN + PROGRESIÓN EN EL JUEGO) OBJ. SECUNDARIO: REORGANIZACIÓN DEFENSIVA (DEFENSA ORGANIZADA)	OBJ. PRINCIPAL: ATAQUE ORGANIZADO EN ZONA 2 (PROGRESIÓN EN EL JUEGO) OBJ. SECUNDARIO: REORGANIZACIÓN DEFENSIVA (TRANSICIÓN DEFENSIVA)	OBJ. PRINCIPAL: ATAQUE ORGANIZADO EN ZONA 2 (PROGRESIÓN EN EL JUEGO) OBJ. SECUNDARIO: REORGANIZACIÓN DEFENSIVA (DEFENSA ORGANIZADA)	
3	OBJ. PRINCIPAL: ATAQUE ORGANIZADO EN ZONA 2 Y 2/3 (PROGRESIÓN + FINALIZACIÓN) OBJ. SECUNDARIO: REORGANIZACIÓN DEFENSIVA (TRANSICIÓN DEFENSIVA)	OBJ. PRINCIPAL: ATAQUE ORGANIZADO EN ZONA 2 Y 2/3 (PROGRESIÓN + FINALIZACIÓN) OBJ. SECUNDARIO: REORGANIZACIÓN DEFENSIVA (ORGANIZACIÓN DEFENSIVA)	OBJ. PRINCIPAL: ATAQUE ORGANIZADO EN ZONA 3 (FINALIZACIÓN) OBJ. SECUNDARIO: REORGANIZACIÓN DEFENSIVA (TRANSICIÓN DEFENSIVA)	
4	OBJ. PRINCIPAL: ATAQUE ORGANIZADO EN ZONA 3 (FINALIZACIÓN) OBJ. SECUNDARIO: REORGANIZACIÓN DEFENSIVA (DEFENSA ORGANIZADA)	OBJ. PRINCIPAL: DEFENSA ORGANIZADA EN ZONA 1 RIVAL (PRESIÓN) OBJ. SECUNDARIO: TRANSICIÓN OFENSIVA (CONTRAATAQUE) (FINALIZACIÓN)	OBJ. PRINCIPAL: DEFENSA ORGANIZADA EN ZONA 1 RIVAL (PRESIÓN) OBJ. SECUNDARIO: ATAQUE ORGANIZADO (FINALIZACIÓN)	

PLANIFICACIÓN DE LA PRETEMPORADA PARA IMPLANTAR EL ESTILO DE JUEGO DE POSESIÓN

S. L	MARTES	MIÉRCOLES	J	VIERNES	FINDE
5	OBJ. PRINCIPAL: DEFENSA ORGANIZADA EN ZONA 1-2 Y 1 RIVAL (PRESIÓN) OBJ. SECUNDARIO: TRANSICIÓN OFENSIVA (CONTRAATAQUE) (FINALIZACIÓN)	OBJ. PRINCIPAL: DEFENSA ORGANIZADA EN ZONA 1-2 Y 1 RIVAL (PRESIÓN) OBJ. SECUNDARIO:ATAQUE ORGANIZADO (FINALIZACIÓN)		OBJ. PRINCIPAL: DEFENSA ORGANIZADA EN ZONA 2 RIVAL (PRESIÓN) OBJ. SECUNDARIO: TRANSICIÓN OFENSIVA (CONTRAATAQUE)	
6	OBJ. PRINCIPAL: DEFENSA ORGANIZADA EN ZONA 2 RIVAL (PRESIÓN) OBJ. SECUNDARIO: ATAQUE ORGANIZADO	OBJ. PRINCIPAL: DEFENSA ORGANIZADA EN ZONA 2 RIVAL (PRESIÓN) OBJ. SECUNDARIO: TRANSICIÓN OFENSIVA O ATAQUE ORGANIZADO (FINALIZACIÓN)		OBJ. PRINCIPAL: DEFENSA ORGANIZADA EN ZONA 2-3 Y 3 RIVAL (PRESIÓN) OBJ. SECUNDARIO: TRANSICIÓN OFENSIVA (CONTRAATAQUE)	
7	OBJ. PRINCIPAL: DEFENSA ORGANIZADA EN ZONA 2-3 Y 3 RIVAL (PRESIÓN) OBJ. SECUNDARIO: ATAQUE ORGANIZADO	OBJ. PRINCIPAL: DEFENSA ORGANIZADA EN ZONA 2-3 Y 3 RIVAL (PRESIÓN) OBJ. SECUNDARIO: TRANSICION OFENSIVA O ATAQUE ORGANIZADO (FINALIZACIÓN)		OBJ. PRINCIPAL: DEFENSA ORGANIZADA EN ZONA 3 RIVAL (PRESIÓN) OBJ. SECUNDARIO: TRANSICIÓN OFENSIVA (CONTRAATAQUE)	
8	OBJ. PRINCIPAL: DEFENSA ORGANIZADA EN ZONA 3 RIVAL (PRESIÓN) OBJ. SECUNDARIO: ATAQUE ORGANIZADO	OBJ. PRINCIPAL: DEFENSA ORGANIZADA EN ZONA 3 RIVAL (PRESIÓN) OBJ. SECUNDARIO: TRANSICIÓN OFENSIVA O ATAQUE ORGANIZADO (FINALIZACIÓN)		OBJ. PRINCIPAL: ATAQUE ORGANIZADO EN TODAS LAS ZONAS OBJ. SECUNDARIO: TRANSICIÓN DEFENSIVA Y DEFENSA ORGANIZADA.	

PARTE PRÁCTICA

En las siguientes páginas encontrarás:

1ª SEMANA DE PRETEMPORADA para IMPLANTAR el ESTILO DE JUEGO DE POSESIÓN.

a) Martes: Sesión 1 del primer microciclo
b) Miércoles: Sesión 2 del primer microciclo
c) Viernes: Sesión 3 del primer microciclo

Todas y cada una de las sesiones del microciclo vienen con sus tareas y su explicación en video. No hay excusa para no poner en práctica todo lo aprendido.

SESIÓN 1 MARTES	**SESIÓN 2 MIÉRCOLES**	**SESIÓN 3 VIERNES**
OBJ. PRI. ATAQUE ORGANIZADO EN ZONA 1 (SALIDA DE BALÓN)	OBJ. PRI. ATAQUE ORGANIZADO EN ZONA 1 (SALIDA DE BALÓN)	OBJ. PRI. ATAQUE ORGANIZADO EN ZONA 1 Y 1-2 (SALIDA DE BALÓN + PROGRESIÓN EN EL JUEGO)
OBJ. SEC. REORGANIZACIÓN DEFENSIVA (TRANSICIÓN DEFENSIVA)	OBJ. SEC. REORGANIZACIÓN DEFENSIVA (DEFENSA ORGANIZADA)	OBJ. SEC. REORGANIZACIÓN DEFENSIVA (TRANSICIÓN DEFENSIVA)

1ª SEMANA DE PRETEMPORADA - IMPLANTAR ESTILO DE JUEGO DE POSESIÓN

SESIÓN 1 MARTES OBJ. PRI. ATAQUE ORGANIZADO EN ZONA 1 (SALIDA DE BALÓN) OBJ. SEC. REORGANIZACIÓN DEFENSIVA (TRANSICIÓN DEFENSIVA)	SESIÓN 2 MIÉRCOLES OBJ. PRI. ATAQUE ORGANIZADO EN ZONA 1 (SALIDA DE BALÓN) OBJ. SEC. REORGANIZACIÓN DEFENSIVA (DEFENSA ORGANIZADA)	SESIÓN 3 VIERNES OBJ. PRI. ATAQUE ORGANIZADO EN ZONA 1 Y 1-2 (SALIDA DE BALÓN + PROGRESIÓN EN EL JUEGO) OBJ. SEC. REORGANIZACIÓN DEFENSIVA (TRANSICIÓN DEFENSIVA)
1. CALENTAMIENTO	**1. CALENTAMIENTO**	**1. CALENTAMIENTO**
Rueda de pase	Rondo	Tecnificación control del balón
2. PARTE INICIAL	**2. PARTE INICIAL**	**2. PARTE INICIAL**
Juego de posesión	Juego de posesión	Juego reducido
3. PARTE PRINCIPAL	**3. PARTE PRINCIPAL**	**3. PARTE PRINCIPAL**
Partido con trabajo táctico	Partido con reglas de provocación mitad medio campo	Partido trabajo táctico medio campo
4. VUELTA A LA CALMA	**4. VUELTA A LA CALMA**	**4. VUELTA A LA CALMA**
Tecnificación control de balón	Tecnificación finalización	Tecnificación pase + control orientado

SESIÓN 1 MARTES

OBJ. PRI. ATAQUE ORGANIZADO EN ZONA 1 (SALIDA DE BALÓN)

OBJ. SEC. REORGANIZACIÓN DEFENSIVA (TRANSICIÓN DEFENSIVA)

1. CALENTAMIENTO

Rueda de pase

2. PARTE INICIAL

Juego de posesión

3. PARTE PRINCIPAL

Partido con trabajo táctico

4. VUELTA A LA CALMA

Tecnificación control de balón

TAREA 1: calentamiento - Rueda de pase

Fecha: martes

DESCRIPCIÓN

En una zona delimitada por conos planos realizamos una tarea de pase tenso + recepción + control orientado + conducción con el fin de mejorar estos aspectos individuales de los futbolistas.

El circuito consta de 7 conos planos donde cada jugador realizará la acción y pasará al siguiente lugar donde haya pasado el balón.

- PASE TENSO
- RECEPCIÓN + CONTROL ORIENTADO + PASE TENSO
- RECEPCIÓN + PASE TENSO
- DESMARQUE + PASE DE CARA (POR ESTAR DE ESPALDA)
- PASE TENSO
- RECEPCIÓN + CONTROL ORIENTADO + PASE TENSO
- RECEPCIÓN + CONTROL ORIENTADO + CONDUCCIÓN

OBJETIVOS

Mejora de las habilidades individuales de los futbolistas para poder realizar el juego de posesión

N° DE JUGADORES

Toda la plantilla separados en grupos de ocho jugadores

MATERIALES

- Balones
- 8 conos planos
- 2 conos altos

DESCRIPCIÓN GRÁFICA

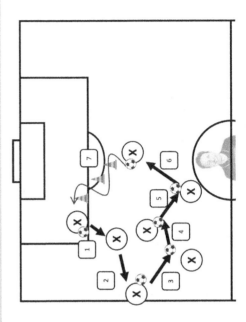

NORMATIVA DE CARGA

Duración de la repetición	6' + 6'
Número de repeticiones	2
Descanso entre repeticiones	2'
Tiempo total	14'

189

TAREA 2. Parte Inicial: Juego de posesión (5x5+3c (2 exteriores + 1 interior)

OBJETIVOS

Mejora del pase y la recepción. Mejora de la asociación. Mejora de la búsqueda del hombre libre.

MATERIALES	Nº DE JUGADORES
• Balones • Conos planos • Petos	13 jugadores (equipos de 5 jugadores)

DESCRIPCIÓN GRÁFICA

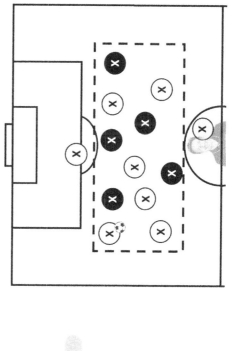

DESCRIPCIÓN

Un equipo debe de mantener la posesión del esférico usando los toques necesarios y realizando las acciones necesarias para ello.

Los matices a tener en cuenta: tocar antes de que llegue el rival, dar pases seguros para poder mantener la posesión, realizar apoyos para que el compañero tenga opciones de pase y poder ayudarse de los comodines para mantener la posesión del balón.

Variante: los comodines pueden ser los porteros o jugadores de campo. El comodín puede tener un límite de toques según decida el entrenador.

Obj. Sec: cuando se pierda la posesión el jugador que está más cerca intenta robar y los demás compañeros achican el espacio para poder recuperar la posesión.

NORMATIVA DE CARGA

Duración de la repetición	10' + 10'
Número de repeticiones	2
Descanso entre repeticiones	2'
Tiempo total	22'

190

TAREA 3. Parte Principal: partido con trabajo táctico (5x4 +P)

OBJETIVOS

Mejora de la salida de balón

MATERIALES	Nº DE JUGADORES
• Balones • Conos planos • Miniporterías • Petos	9 jugadores de campo 1 portero

DESCRIPCIÓN GRÁFICA

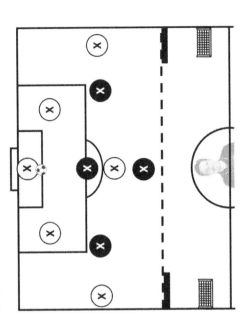

DESCRIPCIÓN

El equipo que tiene al portero debe de realizar un ataque organizado saliendo desde el saque de meta y deberá conseguir depositar el balón en las dos mini porterías que se encuentran en los carriles laterales (hemos decidido progresar por banda).

Objetivo principal: deben de circular el esférico de banda a banda hasta poder conseguir un gol en las minis porterías lanzando desde la línea formada por conos planos.

Objetivo secundario: tras perder el esférico, el equipo que posee el portero debe de tapar la portería (carril central). Debemos de indicar a los jugadores que no metan la pierna para no ser sobrepasado. Deben tapar tiro y cerrar línea de pase. Portero atento a disparo del rival desde cualquier posición.

El equipo rival tras recuperar el balón, crea un contraataque

NORMATIVA DE CARGA

Duración de la repetición	10' + 10'
Número de repeticiones	2
Descanso entre repeticiones	2'
Tiempo total	22'

*Esta tarea la tienes explicada en vídeo en la zona audiovisual

TAREA 4: vuelta a la calma - tecnificación control de balón

Fecha: martes

Mejorar las habilidades individuales de los futbolistas trabajando en parejas.

MATERIALES	Nº DE JUGADORES
• Balones • Conos planos • Cesta	Toda la plantilla (por parejas)

DESCRIPCIÓN GRÁFICA

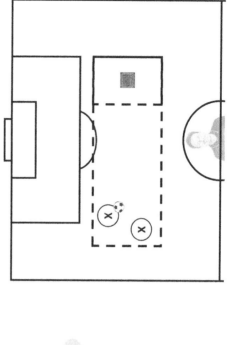

DESCRIPCIÓN

Por parejas tienen que realizar un recorrido sin que se les caiga el balón. Deberán usar cualquier parte del cuerpo excepto los brazos para poder llegar hasta el final del recorrido sin que se les caiga el esférico.
Deben de ir dándose pases entre ellos.
Cuando lleguen a la línea creada por conos planos deberán rematar y meter el balón dentro de la cesta que hemos preparado como canasta.

Cuando consíguen meter 2 balones (uno cada uno) han conseguido sus puntos del día y se van a estirar.
Tienen un límite de tiempo para conseguir el objetivo.

NORMATIVA DE CARGA

Duracion de la repetición	7'
Número de repeticiones	1
Descanso entre repeticiones	7'
Tiempo total	14'

192

SESIÓN 2 MIÉRCOLES

OBJ. PRI. ATAQUE ORGANIZADO EN ZONA 1 (SALIDA DE BALÓN)

OBJ. SEC. REORGANIZACIÓN DEFENSIVA (DEFENSA ORGANIZADA)

1. CALENTAMIENTO	Rondo
2. PARTE INICIAL	Juégo de posesión
3. PARTE PRINCIPAL	Partido con reglas de provocación mitad medio campo
4. VUELTA A LA CALMA	Tecnificación finalización

TAREA 1: calentamiento - Rondo

Fecha: miércoles

OBJETIVOS

Mejora de las habilidades individuales de los futbolistas que lo pondrán al servicio de sus compañeros para mantener la posesión del balón

MATERIALES	Nº DE JUGADORES
• Balones • 5 conos planos • 2 petos	Toda la plantilla Separados en grupos de 8 jugadores

DESCRIPCIÓN

En un pentágono colocamos 5 jugadores sobre una línea imaginaria marcada por conos donde tendrán que conservar la posesión. Estos trabajarán el pase, la recepción, el control orientado y los desmarques de apoyo.

Dentro del pentágono hay dos jugadores que intentarán recuperar el balón para cambiar de rol.

La idea es que la tarea tenga éxito, para ello tendremos en cuenta los siguientes aspectos:

- Poner límites de toque si los jugadores de fuera no tienen problemas a la hora de circular el esférico.
- Achicar o agrandar el pentágono
- Meter más defensores si fuese necesario
- Solo se pueden mover sobre la línea imaginaria

DESCRIPCIÓN GRÁFICA

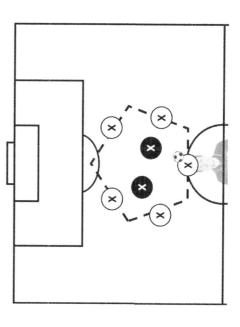

NORMATIVA DE CARGA

Duración de la repetición	6' + 6'
Número de repeticiones	2
Descanso entre repeticiones	2'
Tiempo total	14'

194

TAREA 2. Parte Inicial: Juego de posesión (3x3+3)

OBJETIVOS

Mejora del pase y la recepción. Mejora de la asociación. Mejora de la búsqueda del hombre libre.

MATERIALES	Nº DE JUGADORES
• Balones • Conos planos • Petos de tres colores	9 jugadores (equipos de 3 jugadores)

DESCRIPCIÓN GRÁFICA

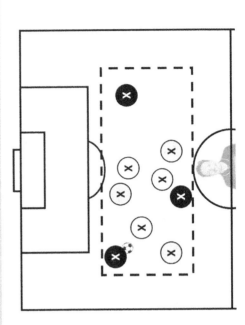

DESCRIPCIÓN

Un equipo formado por dos sub equipos marcados por petos de colores deben de mantener la posesión del esférico usando los toques necesarios y realizando las acciones necesarias para que el equipo rival marcado con otro color de petos no pueda recuperar la posesión.

Los matices a tener en cuenta: tocar antes de que llegue el rival, dar pases seguros para poder mantener la posesión, realizar apoyos para que el compañero tenga opciones de pase, usar el pase tenso, el control orientado, la conducción para fijar y dividir y encontrar al hombre libre.

Obj. Sec: cuando se pierda la posesión el jugador que está más cerca intenta robar y los otros dos compañeros se reorganizan para achicar el espacio y luego poder recuperar el balón.

NORMATIVA DE CARGA

Duración de la repetición	10' + 10'
Número de repeticiones	2
Descanso entre repeticiones	2'
Tiempo total	22'

TAREA 3. Parte Principal: partido con reglas de provocación (5x4+2P) (5x4 +P)

Fecha: miércoles

OBJETIVOS

DESCRIPCIÓN

Mejora de la salida de balón

El equipo que tiene al portero debe de realizar un ataque organizado saliendo desde el saque de meta y deberá conseguir depositar el balón en las dos mini porterías que se encuentran en los carriles laterales (hemos decidido progresar por banda).

Objetivo principal: deben de circular el esférico de banda a banda hasta poder conseguir un gol en las minis porterías lanzando desde la línea formada por conos planos.

Objetivo secundario: tras perder el esférico, el equipo que posee el portero debe de tapar la portería (carril central). Debemos de indicar a los jugadores que no metan la pierna para no ser sobrepasado. Deben tapar tiro y cerrar línea de pase. Portero atento a disparo del rival desde cualquier posición.

El equipo rival tras recuperar el balón, crea un contraataque

MATERIALES	Nº DE JUGADORES
• Balones • Conos planos • Miniporterías • Petos	9 jugadores de campo 1 portero

DESCRIPCIÓN GRÁFICA

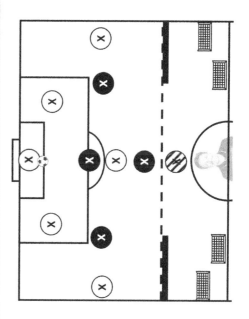

*Esta tarea la tienes explicada en vídeo en la zona audiovisual

NORMATIVA DE CARGA

Duración de la repetición	10' + 10'
Número de repeticiones	2
Descanso entre repeticiones	2'
Tiempo total	22'

196

TAREA 4: vuelta a la calma - tecnificación de finalización

DESCRIPCIÓN

Por parejas tienen que intentar anotar dos goles llegando el balón desde un centro lateral.

Un jugador es el que realiza el centro y el otro el que ejecuta el disparo o remate.

Tendrán que ejecutar los disparos desde la zona marcada por conos planos.

Tendrán la oposición de un portero para dificultar la tarea.

Cuando consigan los dos goles podrán ir a estirar.

Tienen un número limitado de intentos.

Si lo consiguen consiguen los puntos que tendrán que ir acumulando sesión tras sesión.

*muy importante solo tienen la posibilidad de tener en posesión del balón máximo un segundo, es decir, o remata seguido o control y disparo seguido.

OBJETIVOS

Mejora del centro, remate y disparo a portería (tecnificación)

MATERIALES

- Balones
- Conos planos

Nº DE JUGADORES

Toda la plantilla (por parejas)

DESCRIPCIÓN GRÁFICA

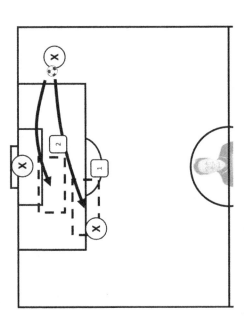

NORMATIVA DE CARGA

Duración de la repetición	7'
Número de repeticiones	1
Descanso entre repeticiones	7'
Tiempo total	14'

197

SESIÓN 3 VIERNES

OBJ. PRI: ATAQUE ORGANIZADO EN ZONA 1 Y 1-2 (SALIDA DE BALÓN + PROGRESIÓN EN EL JUEGO)

OBJ. SEC: REORGANIZACIÓN DEFENSIVA (TRANSICIÓN DEFENSIVA)

1. CALENTAMIENTO

Tecnificación control del balón

2. PARTE INICIAL

Juego reducido

3. PARTE PRINCIPAL

Partido trabajo táctico medio campo

4. VUELTA A LA CALMA

Tecnificación pase + control orientado

TAREA 1: calentamiento – Tecnificación control de balón

DESCRIPCIÓN

En esta tarea vamos a mejorar el control del balón con diferentes partes de nuestro cuerpo ("pataditas")

Para ello vamos a hacer unas ruedas progresivas comenzando por ejercicios básicos para pasar a las ruedas más complejas.

1º Dar pataditas libres (con cualquier parte del cuerpo y las veces que quiera)

2º Dar pataditas solo con el pie derecho, cuando lo indique el entrenador cambiamos a solo con el pie izquierdo, seguidamente cuádriceps solo derecho – cuádriceps solo izquierdo y por último la cabeza.

3º Ruedas de pataditas:

- Rueda 1. debe de usar dos toques con la misma parte del cuerpo para pasar a la siguiente parte del cuerpo. La secuencia es: Pie derecho – cuádriceps derecho – cabeza – cuádriceps izquierdo – pie izquierdo
- Rueda 2. debe de usar un toque con la misma parte del cuerpo para pasar a la siguiente parte del cuerpo. La secuencia es: pie derecho – cuádriceps derecho – cabeza- cuádriceps izquierdo – pie izquierdo
- Rueda 3. debe usar dos toques con la misma parte del cuerpo para pasar a la siguiente parte del cuerpo. La secuencia es: pie derecho – pie izquierdo – cuádriceps derecho – cuádriceps izquierdo – cabeza

OBJETIVOS

Mejora de las habilidades individuales de los futbolistas que lo pondrán al servicio del equipo.

MATERIALES	Nº DE JUGADORES
• Balones	Toda la plantilla (trabajo individual)

DESCRIPCIÓN GRÁFICA

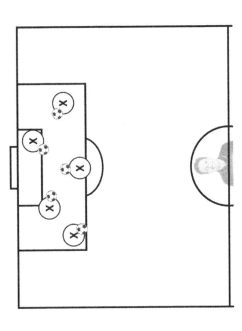

NORMATIVA DE CARGA

Duración de la repetición	6' + 6'
Número de repeticiones	2
Descanso entre repeticiones	2'
Tiempo total	14'

TAREA 2. Parte Inicial: Juego reducido (6x6+6)

Fecha: viernes

DESCRIPCIÓN

En un espacio delimitado se enfrentan dos equipos para conservar el esférico. En la parte exterior del espacio delimitado se encuentra otro equipo que trabaja como comodín para ayudar al equipo que está dentro en la conservación del balón.

Objetivo principal de la tarea es el mantenimiento de la posesión del balón ayudándose de los comodines exteriores.

Tendremos que poner especial atención en los pases tensos, el control orientado, los desmarques de apoyo, la movilidad de los jugadores para dar opciones de pase, búsqueda del hombre libre, dar pases con ventajas a los compañeros y sobre todo pase seguro para poder mantener la posesión.

Objetivo Secundario: en la pérdida presión intensa del jugador que esté más cerca y los demás compañeros achican espacio para poder recuperar el esférico.

*cambio de equipo tras 2 minutos de trabajo dentro del espacio delimitado. El equipo que está de comodín entra dentro del espacio y uno de los de centro se convierten en equipo comodín.

200

OBJETIVOS

Mejora del pase y la recepción. Mejora de la asociación. Mejora de la búsqueda del hombre libre. (mantenimiento de la posesión)

MATERIALES	Nº DE JUGADORES
• Balones • Conos planos • Petos de tres colores	18 jugadores (equipos de 6 jugadores)

DESCRIPCIÓN GRÁFICA

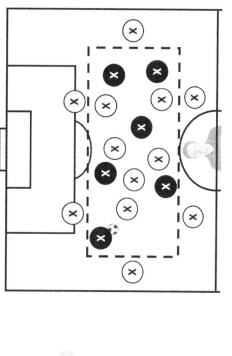

NORMATIVA DE CARGA

Duración de la repetición	10' + 10'
Número de repeticiones	2
Descanso entre repeticiones	2'
Tiempo total	22'

TAREA 3. Parte Principal: partido trabajo táctico (8X8+3P o 8x8+2P)

OBJETIVOS

Mejora de la salida de balón + progresión por banda usando el estilo de juego de posesión

MATERIALES	Nº DE JUGADORES
• Balones • Conos planos • Porterías	8 jugadores de campo 1 portero

DESCRIPCIÓN GRÁFICA

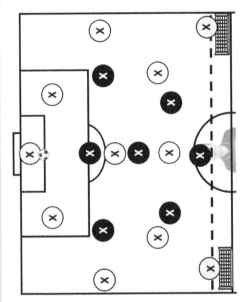

*Esta tarea la tienes explicada en vídeo en la zona audiovisual

DESCRIPCIÓN

Esta tarea se realiza usando medio campo.

Se enfrentan dos equipos, usamos subsistemas del sistema 14132 que es el sistema a trabajar con nuestro equipo que se enfrenta a un subsistema del sistema 1433.

El equipo que empieza la acción desde el saque de meta tendrá que mantener la posesión e intentar anotar gol en las porterías que nos encontramos en los carriles laterales del medio del campo (la idea es trabajar salida de balón mas progresión por banda, es la elección de nuestro modelo de juego). Por el contrario el otro equipo tendrá que recuperar el esférico e intentar hacer ataques rápidos (contraataque) para anotar gol en la portería central.

El objetivo secundario de la tarea, es que el equipo que está colocado en portería central debe reorganizarse defensivamente tras perder la posesión (hacer una transición defensiva efectiva) y tras recuperar el esférico debe de dar un pase de seguridad hacia atrás y comenzar a realizar un ataque organizado de nuevo.

*opción tres porteros o dos porteros (yo prefiero dos porteros para que trabajen la basculación defensiva)

NORMATIVA DE CARGA

Duración de la repetición	10' + 10'
Número de repeticiones	2
Descanso entre repeticiones	2'
Tiempo total	22'

TAREA 4: vuelta a la calma - tecnificación de pase + control orientado

DESCRIPCIÓN

Por parejas deben de realizar pases de media y larga distancia para mejorar el pase y además el otro compañero tendrá que controlar el esférico de manera orientada para poder salir con balón controlado por unas puertas creadas por conos.

La idea es mejorar el pase + la recepción del mismo + el control orientado + la conducción en salida. Le daremos la oportunidad de dar máximo de tres toques para realizar la acción.

Después de conseguir dos controles orientados cada uno podrán pasar a estirar y se habrán conseguido sus puntos del día.
Tendrán un número limitado de intentos.

OBJETIVOS

Mejora del pase, recepción y control orientado (tecnificación)

MATERIALES	Nº DE JUGADORES
• Balones • Conos planos • Conos altos	Toda la plantilla (por parejas)

DESCRIPCIÓN GRÁFICA

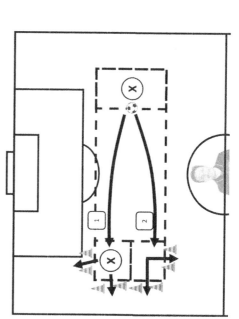

NORMATIVA DE CARGA

Duración de la repetición	7'
Número de repeticiones	1
Descanso entre repeticiones	7'
Tiempo total	14'

2 . 3

JUEGO VERTICAL

PLANIFICACIÓN DE LAS 8 SEMANAS PARA IMPLANTARLO.

ASPECTOS A TENER EN CUENTA

TRABAJO INDIVIDUAL	TRABAJO GRUPAL (COMBINAR)
• Control del balón con diferentes partes del cuerpo	• Pase preciso y con la velocidad adecuada (pase tenso)
• Recepción del balón de manera adecuada con opción de seguir con la siguiente acción	• Pase al pie más alejado del compañero para que tenga ventaja
• Control orientado	• Tocar antes de que llegue el rival (pase seguro)
• Dominio del pase con diferentes partes del pie	• Mirar antes de recibir para tomar una buena decisión (buscar hombre libre o mejor opción)
• Dominio de los pases cortos, medios y largos	• De espalda, tocar de primeras (toco y me voy para desmarque)
• Dar pase con ventaja al compañero	• Buscar al hombre libre
• Mejora de la conducción	• Saber hacer paredes
• Mejora de los giros para el desmarque o para deshacerse de un rival	• Buscar al tercer hombre
• Finalización: mejora de la precisión en los tiros a portería	• Pase seguro (mejora circulación de balón o ruptura de líneas adversarias)
• Juego aéreo: trabajar balones frontales y balones laterales (saber dónde despejar y cómo situarse)	• Desmarques y apoyos (saber usar todos los tipos diferentes que hay)
• Mejora del marcaje: enseñar la marca individual con la técnica de marcaje necesaria, trabajar la anticipación y la marca de robar el balón sin meter el pie para no infringir en una infracción (tapar tiro o posible centro sin ser rebasado)	• Dar pase y moverse (creo espacio y ocupo espacio)
	• Dar los toques necesarios (mejor pocos que muchos para favorecer la circulación y que la presión del rival no sea efectiva)
	• Finalización: mejora la toma de decisiones a la hora de terminar la jugada (saber cuándo disparar a portería o buscar a un compañero para que este la termine)

PLANIFICACIÓN DE LA PRETEMPORADA PARA IMPLANTAR EL ESTILO DE JUEGO VERTICAL

S.	L	MARTES	MIÉRCOLES	J	VIERNES	FINDE
1		OBJ. PRINCIPAL: DEFENSA ORGANIZADA EN ZONA 1-2 Y 1 RIVAL (PRESIÓN) OBJ. SECUNDARIO: TRANSICIÓN OFENSIVA (CONTRAATAQUE) (FINALIZACIÓN)	OBJ. PRINCIPAL: DEFENSA ORGANIZADA EN ZONA 1-2 Y 1 RIVAL (PRESIÓN) OBJ. SECUNDARIO: ATAQUE ORGANIZADO (FINALIZACIÓN)		OBJ. PRINCIPAL: DEFENSA ORGANIZADA EN ZONA 1-2 Y 1 RIVAL (PRESIÓN) OBJ. SECUNDARIO: TRANSICIÓN OFENSIVA O ATAQUE ORGANIZADO (FINALIZACIÓN)	
2		OBJ. PRINCIPAL: DEFENSA ORGANIZADA EN ZONA 2 RIVAL (PRESIÓN) OBJ. SECUNDARIO: TRANSICIÓN OFENSIVA (CONTRAATAQUE)	OBJ. PRINCIPAL: DEFENSA ORGANIZADA EN ZONA 2 RIVAL (PRESIÓN) OBJ. SECUNDARIO: ATAQUE ORGANIZADO		OBJ. PRINCIPAL: DEFENSA ORGANIZADA EN ZONA 2 RIVAL (PRESIÓN) OBJ. SECUNDARIO: TRANSICIÓN OFENSIVA O ATAQUE ORGANIZADO (FINALIZACIÓN)	
3		OBJ. PRINCIPAL: DEFENSA ORGANIZADA EN ZONA 2-3 Y 3 RIVAL (PRESIÓN) OBJ. SECUNDARIO: TRANSICIÓN OFENSIVA (CONTRAATAQUE)	OBJ. PRINCIPAL: DEFENSA ORGANIZADA EN ZONA 3 Y 3 RIVAL (PRESIÓN) OBJ. SECUNDARIO: ATAQUE ORGANIZADO		OBJ. PRINCIPAL: DEFENSA ORGANIZADA EN ZONA 2-3 Y 3 RIVAL (PRESIÓN) OBJ. SECUNDARIO: TRANSICIÓN OFENSIVA O ATAQUE ORGANIZADO (FINALIZACIÓN)	
4		OBJ. PRINCIPAL: DEFENSA ORGANIZADA EN ZONA 3 RIVAL (PRESIÓN) OBJ. SECUNDARIO: TRANSICIÓN OFENSIVA (CONTRAATAQUE)	OBJ. PRINCIPAL: DEFENSA ORGANIZADA EN ZONA 3 RIVAL (PRESIÓN) OBJ. SECUNDARIO: ATAQUE ORGANIZADO		OBJ. PRINCIPAL: DEFENSA ORGANIZADA EN ZONA 3 RIVAL (PRESIÓN) OBJ. SECUNDARIO: TRANSICIÓN OFENSIVA O ATAQUE ORGANIZADO (FINALIZACIÓN)	

PLANIFICACIÓN DE LA PRETEMPORADA PARA IMPLANTAR EL ESTILO DE JUEGO VERTICAL

S. L	MARTES	MIÉRCOLES	J VIERNES	FINDE
5	OBJ. PRINCIPAL: ATAQUE ORGANIZADO EN ZONA 1 (SALIDA DE BALÓN) OBJ. SECUNDARIO: REORGANIZACIÓN DEFENSIVA (TRANSICIÓN DEFENSIVA)	OBJ. PRINCIPAL: ATAQUE ORGANIZADO EN ZONA 1 (SALIDA DE BALÓN) OBJ. SECUNDARIO: REORGANIZACIÓN DEFENSIVA (DEFENSA ORGANIZADA)	OBJ. PRINCIPAL: ATAQUE ORGANIZADO EN ZONA 1 Y 1/2 (SALIDA DE BALÓN + PROGRESIÓN EN EL JUEGO) OBJ. SECUNDARIO: REORGANIZACIÓN DEFENSIVA (TRANSICIÓN DEFENSIVA)	
6	OBJ. PRINCIPAL: ATAQUE ORGANIZADO EN ZONA 1 Y 1/2 (SALIDA DE BALÓN + PROGRESIÓN EN EL JUEGO) OBJ. SECUNDARIO: REORGANIZACIÓN DEFENSIVA (DEFENSA ORGANIZADA)	OBJ. PRINCIPAL: ATAQUE ORGANIZADO EN ZONA 2 (PROGRESIÓN EN EL JUEGO) OBJ. SECUNDARIO: REORGANIZACIÓN DEFENSIVA (TRANSICIÓN DEFENSIVA)	OBJ. PRINCIPAL: ATAQUE ORGANIZADO EN ZONA 2 (PROGRESIÓN EN EL JUEGO) OBJ. SECUNDARIO: REORGANIZACIÓN DEFENSIVA (DEFENSA ORGANIZADA)	
7	OBJ. PRINCIPAL: ATAQUE ORGANIZADO EN ZONA 2 Y 2/3 (PROGRESIÓN + FINALIZACIÓN) OBJ. SECUNDARIO: REORGANIZACIÓN DEFENSIVA (TRANSICIÓN DEFENSIVA)	OBJ. PRINCIPAL: ATAQUE ORGANIZADO EN ZONA 2 Y 2/3 (PROGRESIÓN + FINALIZACIÓN) OBJ. SECUNDARIO: REORGANIZACIÓN DEFENSIVA (ORGANIZACIÓN DEFENSIVA)	OBJ. PRINCIPAL: ATAQUE ORGANIZADO EN ZONA 3 (FINALIZACIÓN) OBJ. SECUNDARIO: REORGANIZACIÓN DEFENSIVA (TRANSICIÓN DEFENSIVA)	
8	OBJ. PRINCIPAL: ATAQUE ORGANIZADO EN ZONA 3 (FINALIZACIÓN) OBJ. SECUNDARIO: REORGANIZACIÓN DEFENSIVA (DEFENSA ORGANIZADA)	OBJ. PRINCIPAL: ATAQUE ORGANIZADO EN TODAS LAS ZONAS OBJ. SECUNDARIO: TRANSICIÓN DEFENSIVA Y DEFENSA ORGANIZADA.	OBJ. PRINCIPAL: ATAQUE ORGANIZADO EN TODAS LAS ZONAS OBJ. SECUNDARIO: TRANSICIÓN DEFENSIVA Y DEFENSA ORGANIZADA.	

PARTE PRÁCTICA

En las siguientes páginas encontrarás:

1ª SEMANA DE PRETEMPORADA para IMPLANTAR el ESTILO DE JUEGO VERTICAL.

a) Martes: Sesión 1 del primer microciclo
b) Miércoles: Sesión 2 del primer microciclo
c) Viernes: Sesión 3 del primer microciclo

Todas y cada una de las sesiones del microciclo vienen con sus tareas y su explicación en video. No hay excusa para no poner en práctica todo lo aprendido.

SESIÓN 1 MARTES	SESIÓN 2 MIÉRCOLES	SESIÓN 3 VIERNES
OBJ. PRINCIPAL: DEFENSA ORGANIZADA EN ZONA 1-2 Y 1 RIVAL (PRESIÓN) OBJ. SECUNDARIO: TRANSICIÓN OFENSIVA (CONTRAATAQUE) (FINALIZACIÓN)	OBJ. PRINCIPAL: DEFENSA ORGANIZADA EN ZONA 1-2 Y 1 RIVAL (PRESIÓN) OBJ. SECUNDARIO:ATAQUE ORGANIZADO (FINALIZACIÓN)	OBJ. PRINCIPAL: DEFENSA ORGANIZADA EN ZONA 1-2 Y 1 RIVAL (PRESIÓN) OBJ. SECUNDARIO: TRANSICIÓN OFENSIVA O ATAQUE ORGANIZADO (FINALIZACIÓN)

1ª SEMANA DE PRETEMPORADA - IMPLANTAR ESTILO DE JUEGO VERTICAL

SESIÓN 1 MARTES	SESIÓN 2 MIÉRCOLES	SESIÓN 3 VIERNES
OBJ. PRINCIPAL: DEFENSA ORGANIZADA EN ZONA 1-2 Y 1 RIVAL (PRESIÓN)	OBJ. PRINCIPAL: DEFENSA ORGANIZADA EN ZONA 1-2 Y 1 RIVAL (PRESIÓN)	OBJ. PRINCIPAL: DEFENSA ORGANIZADA EN ZONA 1-2 Y 1 RIVAL (PRESIÓN)
OBJ. SECUNDARIO: TRANSICIÓN OFENSIVA (CONTRAATAQUE) (FINALIZACIÓN)	OBJ. SECUNDARIO: ATAQUE ORGANIZADO (FINALIZACIÓN)	OBJ. SECUNDARIO: TRANSICIÓN OFENSIVA O ATAQUE ORGANIZADO (FINALIZACIÓN)
1. CALENTAMIENTO	**1. CALENTAMIENTO**	**1. CALENTAMIENTO**
Rondo	Juego de presión	Tarea de presión y finalización
2. PARTE INICIAL	**2. PARTE INICIAL**	**2. PARTE INICIAL**
Juego reducido	Juego de posesión (búsqueda del pase profundo)	Juego reducido + finalización
3. PARTE PRINCIPAL	**3. PARTE PRINCIPAL**	**3. PARTE PRINCIPAL**
Tarea de ataque-defensa en medio campo.	Partido condicionado	Partido campo reducido condicionado
4. VUELTA A LA CALMA	**4. VUELTA A LA CALMA**	**4. VUELTA A LA CALMA**
Tecnificación de finalizaciones rçapicas	Tecnificación. Finalización.	Tecnificación. Asosiaciones con finalización.

SESIÓN 1 MARTES

OBJ. PRINCIPAL: DEFENSA ORGANIZADA EN ZONA 1-2 Y 1 RIVAL (PRESIÓN)

OBJ. SECUNDARIO: TRANSICIÓN OFENSIVA (CONTRAATAQUE) (FINALIZACIÓN)

1. CALENTAMIENTO

Rondo

2. PARTE INICIAL

Juego reducido

3. PARTE PRINCIPAL

Tarea de ataque-defensa en medio campo.

4. VUELTA A LA CALMA

Tecnificación de finalizaciones rçapidas

TAREA 1: calentamiento - Rondo

OBJETIVOS

Mejora del trabajo defensivo colectivo para poder conseguir la posesión del balón de manera rápida

MATERIALES	N° DE JUGADORES
• Balones • 5 Conos planos	Toda la plantilla Separados en grupos de 9 jugadores. Cinco y Cuatro.

DESCRIPCIÓN

En un pentágono colocamos a cinco jugadores sobre la línea imaginaria que conforman los conos planos, estos tendrán que mantener la posesión del esférico.
Los cuatro jugadores que están dentro del pentágono tienen que robar el esférico, para ello trabajarán el equilibrio defensivo para que los cinco jugadores no puedan dar pases fáciles y no tengan líneas de pase.
Se realiza por tiempo, tienen que intentar robar el máximo de balones posibles en el tiempo determinado por el entrenador.

Importante: hacer hincapié en el trabajo defensivo, ya que nos valdrá para las siguientes tareas donde haremos un trabajo ofensivo después de robar el balón.

DESCRIPCIÓN GRÁFICA

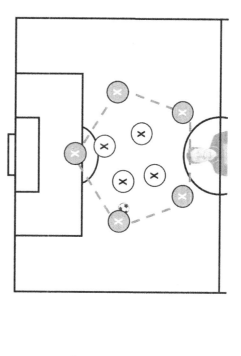

NORMATIVA DE CARGA

Duración de la repetición	6' + 6'
Número de repeticiones	2
Descanso entre repeticiones	2'
Tiempo total	14'

210

TAREA 2. Parte Inicial: Juego Reducido

Mejora del trabajo defensivo colectivo para poder conseguir la posesión del balón de manera rápida

MATERIALES	Nº DE JUGADORES
• Balones • Conos planos • Petos	Toda la plantilla. Equipos de 6 ó 7 jugadores si usamos comodín

DESCRIPCIÓN GRÁFICA

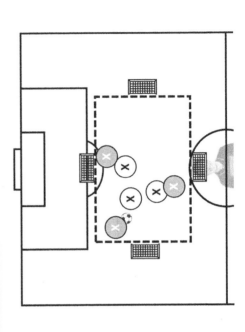

DESCRIPCIÓN

En un rectángulo se enfrentan dos equipos para intentar robar el balón y anotar un gol en una mini portería (la mini portería sería lo equivalente a dar un pase seguro para poder comenzar un ataque). Para ayudar al equipo que posee el balón habrá un comodín (este comodín puede ser quitado si el ejercicio sale como nosotros queremos, es otra variante).

Un equipo posee el balón y tiene que intentar que el otro equipo no le robe la posesión.

El otro equipo tiene que robar la posesión, cuando lo haga tendrá que intentar anotar gol en una de las mini porterías (si lo hace consigue un punto).

Cada equipo tendrá un rol determinado durante un tiempo específico marcado por el entrenador.

Al término del tiempo cambian de roles.

La idea es favorecer el trabajo defensivo y poder comenzar tras el robo con un contraataque.

NORMATIVA DE CARGA

Duración de la repetición	10' + 10'
Número de repeticiones	2
Descanso entre repeticiones	2'
Tiempo total	22'

211

TAREA 3. Parte Principal: Tarea ataque-defensa en medio campo

Fecha: martes

OBJETIVOS

Defensa organizada en zona (presión) y finalización rápida tras robo.

MATERIALES	Nº DE JUGADORES
• Balones • Petos • Mini porterías	10 jugadores de campo (5+5). Un portero.

DESCRIPCIÓN GRÁFICA

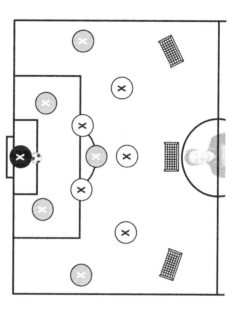

*Esta tarea la tienes explicada en vídeo en la zona audiovisual

DESCRIPCIÓN

El equipo que tiene la posesión va a intentar meter gol en unas mini porterías.

El equipo que no tiene la posesión va a intentar robar el balón de manera efectiva y tras recuperar el balón va a realizar un contraataque rápido para acabar con finalización.

Es muy importante que el equipo que tiene que robar el balón haga un trabajo defensivo colectivo coordinado e intentar ganar los duelos individuales para poder hacer unos contraataques de calidad.
Otro aspecto a resaltar es que el equipo que roba el esférico tiene que acabar jugada para que el equipo rival no pueda hacer daño con un nuevo ataque.

Trabajar los equilibrios para que el equipo que defiende siempre tenga superioridad.

NORMATIVA DE CARGA

Duración de la repetición	10' + 10'
Número de repeticiones	2
Descanso entre repeticiones	2'
Tiempo total	22'

212

TAREA 4. Vuelta a la calma: Tecnificación de finalizaciones rçapidas

OBJETIVOS

Mejorar las habilidades individuales de los futbolistas trabajando en parejas.

MATERIALES	Nº DE JUGADORES
• Balones • Conos planos	Toda la plantilla (por parejas)

DESCRIPCIÓN

Por parejas tienen que realizar acciones rápidas para acabar con un disparo o remate a portería.

La idea es que nuestros jugadores aprendan a terminar las jugadas de ataque rápidas y con efectividad (automatizando las acciones)

Necesitamos que nuestros jugadores ganen esa milésima de segundo que le de ventaja con respecto al defensor.

DESCRIPCIÓN GRÁFICA

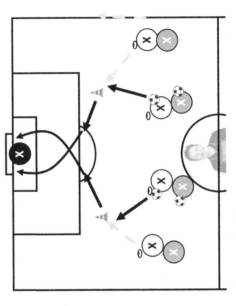

NORMATIVA DE CARGA

Duración de la repetición	7'
Número de repeticiones	1
Descanso entre repeticiones	7'
Tiempo total	14'

1ª SEMANA DE PRETEMPORADA - IMPLANTAR ESTILO DE JUEGO VERTICAL

SESIÓN 2 MIÉRCOLES

OBJ. PRINCIPAL: DEFENSA ORGANIZADA EN ZONA 1-2 Y 1 RIVAL (PRESIÓN)

OBJ. SECUNDARIO: ATAQUE ORGANIZADO (FINALIZACIÓN)

1. CALENTAMIENTO

Juego de presión

2. PARTE INICIAL

Juego de posesión (búsqueda del pase profundo)

3. PARTE PRINCIPAL

Partido condicionado

4. VUELTA A LA CALMA

Tecnificación. Finalización.

TAREA 1: calentamiento - Juego de presión

DESCRIPCIÓN

En un rectángulo se enfrentan dos equipos dentro de dicho espacio. Un equipo tiene que poseer el esférico el mayor tiempo posible mientras que el otro equipo que está en inferioridad dentro del rectángulo debe robar el esférico y hacerse con la posesión.

Fuera del rectángulo se encuentran 4 jugadores del equipo que no posee el balón para dar opción de pase a sus compañeros cuando estos roben el balón.

Tras robar el balón el equipo con inferioridad deben de conectar con algún jugador que está fuera del rectángulo y a continuación mantener la posesión para que el equipo rival no pueda recuperar el balón.

La idea es robar el balón y dar un pase seguro para comenzar un ataque organizado. Después de robar tenemos que enseñar a nuestros jugadores a dar amplitud al juego para que el rival no pueda recuperarnos del balón de nuevo

OBJETIVOS

Mejora del trabajo defensivo colectivo para poder conseguir la posesión del balón de manera rápida y saber mantener dicha posesión

MATERIALES	Nº DE JUGADORES
• Balones • Conos planos • 2 petos	Toda la plantilla Separados en grupos de 11 jugadores (4+7)

DESCRIPCIÓN GRÁFICA

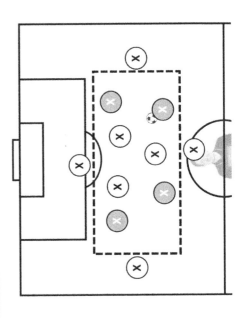

NORMATIVA DE CARGA

Duración de la repetición	6' + 6'
Número de repeticiones	2
Descanso entre repeticiones	2'
Tiempo total	14'

TAREA 2. Parte Inicial: Juego de posesión (búsqueda del pase profundo)

OBJETIVOS

Mejora del pase y la recepción. Búsqueda del pase profundo para romper líneas defensivas

DESCRIPCIÓN

Se enfrentan dos equipos, la idea del equipo con balón es encontrar a los compañeros que están en la siguiente línea para que estos puedan realizar un ataque en superioridad.

El otro equipo intentará robar el balón y cuando lo haga tendrán que conectar con el portero y realizar una salida de balón desde el área de meta.

La idea es trabajar dos conceptos, el primero y más claro es realizar un ataque usando el pase profundo.
El segundo concepto es que si se pierde el balón debemos de hacer una presión en salida de balón del equipo rival.

MATERIALES	Nº DE JUGADORES
• Balones • Conos planos • Petos de 3 colores	9 jugadores (equipos de 3 jugadores)

DESCRIPCIÓN GRÁFICA

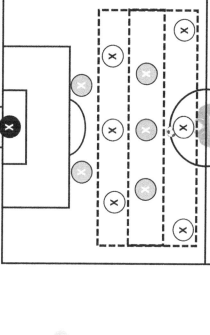

NORMATIVA DE CARGA

Duracion de la repetición	10' + 10'
Número de repeticiones	2
Descanso entre repeticiones	2'
Tiempo total	22'

TAREA 3. Parte Principal: Partido condicionado

OBJETIVOS

Mejora de la presión (marca individual)

DESCRIPCIÓN

En el campo de fútbol 7 enfrentamos dos equipos formados por 5 jugadores, el equipo de la izquierda tendrá asignado un jugador para cada uno y tendrá que realizar una marca individual estrecha. (solo ese jugador podrá robar el balón a su marca asignada, si fuera superado tiene que volver a por el jugador de manera rápida ya que solo él puede robarle el balón a ese jugador, no puede ayudarle ningún compañero).

Cuando un jugador robe el balón deberá tener claro dos consignas, si roba balón en campo contrario realizará un contraataque y si roba balón en campo propio deberá jugar con el portero y realizar un ataque organizado.

Variantes: podemos añadir más jugadores o poner menos jugadores.

Podemos hacer que los dos equipos jueguen con marca individual.

Podemos hacer que puedan cambiar de marca cuando uno de estos sea superado.

Nº DE JUGADORES

MATERIALES	Nº DE JUGADORES
• Balones • Porterias • Petos	10 jugadores de campo 2 porteros (5x5+2P)

DESCRIPCIÓN GRÁFICA

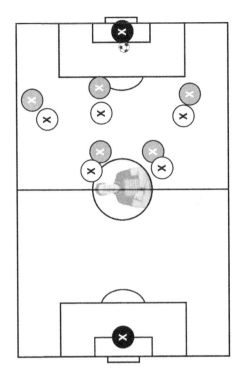

*Esta tarea la tienes explicada en video en la zona audiovisual

NORMATIVA DE CARGA

Duración de la repetición	10' + 10'
Número de repeticiones	2
Descanso entre repeticiones	2'
Tiempo total	22'

TAREA 4: Vuelta a la calma: Tecnificación. Finalización.

Fecha: miércoles

OBJETIVOS

Mejora del centro, remate y disparo a portería (tecnificación)

MATERIALES	Nº DE JUGADORES
• Balones • Conos planos • Picas	Toda la plantilla (en oleadas de 5 jugadores)

DESCRIPCIÓN GRÁFICA

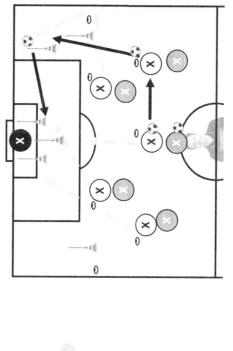

DESCRIPCIÓN

En oleadas de 5 jugadores, tendrán que realizar una jugada asociativa donde el trequartista central da un pase al trequartista derecho, este da un pase profundo al delantero derecho que previamente ha realizado un desmarque cayendo a banda. Mientras se realiza esta acción de ataque los demás jugadores atacarán el área rival para poder acabar la jugada de ataque.

Debemos de explicar donde deberán colocarse dentro del área rival para tener más opciones a la hora de rematar.

NORMATIVA DE CARGA

Duración de la repetición	7'
Número de repeticiones	1
Descanso entre repeticiones	7'
Tiempo total	14'

218

1ª SEMANA DE PRETEMPORADA - IMPLANTAR ESTILO DE JUEGO VERTICAL

SESIÓN 3 VIERNES

OBJ. PRINCIPAL: DEFENSA ORGANIZADA EN ZONA 1-2 Y 1 RIVAL (PRESIÓN)

OBJ. SECUNDARIO: TRANSICIÓN OFENSIVA O ATAQUE ORGANIZADO (FINALIZACIÓN)

1. CALENTAMIENTO

Tarea de presión y finalización

2. PARTE INICIAL

Juego reducido + finalización

3. PARTE PRINCIPAL

Partido campo reducido condicionado

4. VUELTA A LA CALMA

Tecnificación. Asosiaciones con finalización.

TAREA 1: calentamiento – Tarea de presión y finalización

OBJETIVOS

Mejora de las habilidades individuales de los futbolistas que lo pondrán al servicio del equipo.

N° DE JUGADORES
4 jugadores blancos. 3 jugadores negros. 2 porteros.

MATERIALES
• Balones   • Petos   • Portería

DESCRIPCIÓN GRÁFICA

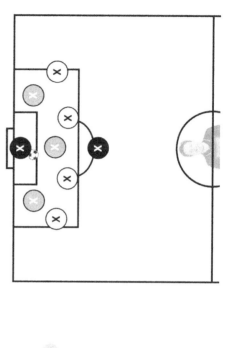

DESCRIPCIÓN

En el área se realiza una tarea de posesión de balón por parte del equipo negro, tendrá ayuda de los dos porteros.

El equipo blanco tendrá que robar el balón y en el momento de robar el balón realizará un disparo rápido para anotar gol.

El portero de equipo negro deberá estar atento para atajar todos los disparos que reciba.

La idea es enfocar el trabajo defensivo para robar rápido y terminar la jugada.

Variante: se puede añadir más jugadores blancos para que la tarea se realice de manera más sencilla y se pueda ver más situaciones de remate.

NORMATIVA DE CARGA

Duración de la repetición	6' + 6'
Número de repeticiones	2
Descanso entre repeticiones	2'
Tiempo total	14'

TAREA 2. Parte Inicial: Juego reducido + finalización

OBJETIVOS

Mejora de la presión colectiva. Mejora del pase seguro. Mejora del pase en profundidad. Mejora de la finalización

MATERIALES	Nº DE JUGADORES
• Balones • Conos planos • Petos de 3 colores • Portería	4x4+4+1P

DESCRIPCIÓN GRÁFICA

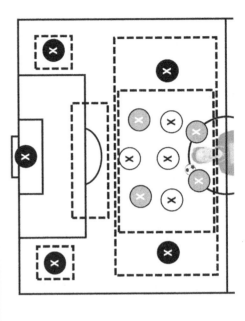

DESCRIPCIÓN

En medio campo recreamos una situación de partido. En el cuadrado se juega un juego de posesión por parte del equipo negro. El equipo blanco debe recuperar el balón con una presión intensa y tras robar debe dar un pase seguro a los comodines que se encuentran en los pasillos laterales. Una vez que roben el balón y den el pase seguro al comodín, dos de los cuatro jugadores realizarán un ataque en pocos segundos donde tendrán que finalizar la jugada con un disparo en la frontal del área.

El comodín que recibe balón da un pase en profundidad buscando al otro comodín del fondo para que este controle y de un pase a la frontal del área. Allí llegarán los dos jugadores que han realizado la contra para finalizar la jugada.

La idea principal es realizar el ataque en el menor tiempo posible.

NORMATIVA DE CARGA

Duración de la repetición	10' + 10'
Número de repeticiones	2
Descanso entre repeticiones	2'
Tiempo total	22'

221

TAREA 3. Parte Principal: Partido campo reducido condicionado

Fecha: viernes

Mejora de la presión colectiva.
Mejora de la toma de decisión (ataque organizado o contraataque)

MATERIALES	Nº DE JUGADORES
• Balones • Conos planos • Porterías	8 jugadores de campo 1 portero (8x8+2P)

DESCRIPCIÓN GRÁFICA

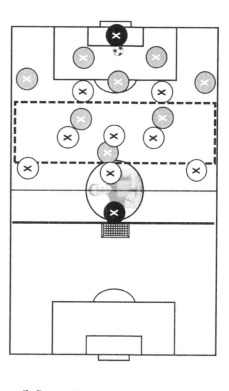

*Esta tarea la tienes explicada en vídeo en la zona audiovisual

DESCRIPCIÓN

La tarea se realiza en mitad de campo o un poco más.
En él se enfrentan dos equipos, el equipo negro tiene que intentar meter gol en la portería del equipo blanco sin tener una manera específica para hacerlo.
Por el contrario el equipo blanco (seríamos nosotros) tenemos que hacer presión alta, marca al hombre y en función de la zona donde se robe el balón realizaremos un contraataque o un ataque organizado.

Si robamos el balón cerca de la portería rival (la primera marca de la línea discontinua) realizaremos un ataque rápido (contraataque) para finalizar jugada.

Si robamos el balón en zona media el jugador y el equipo decidirá si se realiza un contraataque o un ataque organizado (marcar la importancia del pase seguro que nos marcará que tipo de ataque realizaremos).

Si robamos el balón cerca de portería nuestra, realizaremos un ataque organizado usando al portero para ese pase de seguridad.

NORMATIVA DE CARGA

Duración de la repetición	10' + 10'
Número de repeticiones	2
Descanso entre repeticiones	2'
Tiempo total	22'

TAREA 4: vuelta a la calma: Tecnificación. Asosiaciones con finalización.

OBJETIVOS

Mejorar las habilidades individuales de los futbolistas enfocándose en el trabajo del pase. Mejora del golpeo en pases medios utilizando diferentes superficies del pie.

DESCRIPCIÓN

Dividimos el medio campo en tres tareas independientes para mejorar la finalización rápida.

En la primera posta un jugador realiza una pared con el compañero para terminar haciendo un desmarque a banda y realizar otro hacia el carril central y finalizar con un disparo.

En la segunda posta realizamos una pared a un tercer jugador para plantarse delante de la portería y poder finalizar con un disparo.

En la tercera posta un jugador conduce y el otro realiza un desmarque para quedarse solo y poder recibir el pase realizado por el primer jugador.

Nº DE JUGADORES	
MATERIALES	Toda la plantilla
• Balones	
• Conos planos	
• Porterías	

DESCRIPCIÓN GRÁFICA

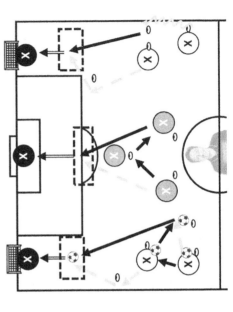

NORMATIVA DE CARGA

Duración de la repetición	3'
Número de repeticiones	3
Descanso entre repeticiones	7
Tiempo total	16'

223

2.4

JUEGO
DIRECTO

PLANIFICACIÓN DE LAS 8 SEMANAS PARA IMPLANTARLO.

ASPECTOS A TENER EN CUENTA

TRABAJO INDIVIDUAL	TRABAJO GRUPAL (COMBINAR)
• Control del balón con diferentes partes del cuerpo.	• Pase preciso y con la velocidad adecuada (pase tenso)
• Recepción del balón de manera adecuada con opción de seguir con la siguiente acción.	- Dominio del pase corto, medio y largo.
• Control orientado.	• Pase al compañero en la zona del cuerpo adecuada para que tenga ventaja.
• Dominio del pase con diferentes partes del pie.	• Tocar antes de que llegue el rival para dar ventaja al compañero que luego buscará el pase de media o larga distancia (pase seguro).
• Dominio de los pases cortos, medios y largos.	• Mirar antes de recibir para tomar una buena decisión y buscar la mejor opción.
• Dar pase con ventaja al compañero.	• De espaldas, tocar de primeras para desmarcarse.
• Conducción.	• Buscar al hombre libre.
• Giros.	• Buscar al hombre objetivo cuando sea necesario dar un pase largo.
• Finalización, mejora de la precisión en los tiros a portería	• Buscar pases en diagonales para romper el fuera de juego y dar ventaja a los compañeros.
• Juego aéreo: trabajar con balones frontales y laterales (saber dónde despejar y cómo posicionarse).	• Pase seguro para mejorar la circulación de balón o romper líneas adversarias.
• Mejora del marcaje: enseñar el marcaje individual con la técnica adecuada, trabajar la anticipación y el robo del balón sin cometer falta (cubrir el tiro o posible centro sin ser superado).	• Desmarques y apoyos: saber usar todos los tipos diferentes que existen.
•	• Dar el pase y moverse para crear y ocupar espacio.
	• Dar los toques necesarios: mejor pocos que muchos para favorecer la circulación y evitar la presión del rival.
	• Finalización: mejorar la toma de decisiones para decidir cuándo disparar a portería o buscar a un compañero para que finalice la jugada.

225

PLANIFICACIÓN DE LA PRETEMPORADA PARA IMPLANTAR EL ESTILO DE JUEGO DIRECTO

S. L	MARTES	MIÉRCOLES	J	VIERNES	FINDE
1	OBJ. PRINCIPAL: DEFENSA ORGANIZADA EN ZONA 1 (CAMPO PROPIO) (PRESIÓN) OBJ. SECUNDARIO: TRANSICIÓN OFENSIVA (CONTRAATAQUE)	OBJ. PRINCIPAL: DEFENSA ORGANIZADA EN ZONA 1 (CAMPO PROPIO) (PRESIÓN) OBJ. SECUNDARIO: TRANSICIÓN OFENSIVA (CONTRAATAQUE)		OBJ. PRINCIPAL: DEFENSA ORGANIZADA EN ZONA 1 (CAMPO PROPIO) (PRESIÓN) OBJ. SECUNDARIO:ATAQUE ORGANIZADO BUSCANDO PASES DE MEDIA DISTANCIA A ZONAS DETERMINADAS (BANDAS O CÍRCULO CENTRAL)	
2	OBJ. PRINCIPAL: DEFENSA ORGANIZADA EN ZONA 1 (CAMPO PROPIO) (PRESIÓN) OBJ. SECUNDARIO:ATAQUE ORGANIZADO BUSCANDO PASES DE MEDIA DISTANCIA A ZONAS DETERMINADAS (BANDAS O CÍRCULO CENTRAL)	OBJ. PRINCIPAL: DEFENSA ORGANIZADA EN ZONA 2 (PRESIÓN) (BLOQUE MEDIO) OBJ. SECUNDARIO: TRANSICIÓN OFENSIVA (CONTRAATAQUE)		OBJ. PRINCIPAL: DEFENSA ORGANIZADA EN ZONA 2 (PRESIÓN) (BLOQUE MEDIO) OBJ. SECUNDARIO: TRANSICIÓN OFENSIVA (CONTRAATAQUE)	
3	OBJ. PRINCIPAL: DEFENSA ORGANIZADA EN ZONA 2 (PRESIÓN)(BLOQUE MEDIO) OBJ. SECUNDARIO:ATAQUE ORGANIZADO BUSCANDO PASES DE MEDIA DISTANCIA A ZONAS DETERMINADAS (BANDAS O CÍRCULO CENTRAL)	OBJ. PRINCIPAL: DEFENSA ORGANIZADA EN ZONA 2 (PRESIÓN)(BLOQUE MEDIO) OBJ. SECUNDARIO:ATAQUE ORGANIZADO BUSCANDO PASES DE MEDIA DISTANCIA A ZONAS DETERMINADAS (BANDAS O CÍRCULO CENTRAL)		OBJ. PRINCIPAL: DEFENSA ORGANIZADA EN ZONA 1 O 2 (PRESIÓN) (BLOQUE MEDIO O BAJO) OBJ. SECUNDARIO: TRANSICIÓN OFENSIVA (CONTRAATAQUE) (BUSCAR PRINCIPAL BANDAS U HOMBRE OBJETIVO)	
4	OBJ. PRINCIPAL: DEFENSA ORGANIZADA EN ZONA TRES CUARTOS (PRESIÓN) (BLOQUE ALTO) OBJ. SECUNDARIO: TRANSICIÓN OFENSIVA (CONTRAATAQUE) (FINALIZACIÓN)	OBJ. PRINCIPAL: DEFENSA ORGANIZADA EN ZONA TRES CUARTOS (PRESIÓN) (BLOQUE ALTO) OBJ. SECUNDARIO: TRANSICIÓN OFENSIVA (CONTRAATAQUE) (FINALIZACIÓN)		OBJ. PRINCIPAL: DEFENSA ORGANIZADA EN ZONA TRES CUARTOS(PRESIÓN)(BLOQUE ALTO) OBJ. SECUNDARIO:ATAQUE ORGANIZADO BUSCANDO PASES DE MEDIA DISTANCIA A ZONAS DETERMINADAS (BANDAS O CÍRCULO CENTRAL) (FINALIZACIÓN)	

PLANIFICACIÓN DE LA PRETEMPORADA PARA IMPLANTAR EL ESTILO DE JUEGO DIRECTO

S. L	MARTES	MIÉRCOLES J	VIERNES	FINDE
5	**OBJ. PRINCIPAL: ATAQUE ORGANIZADO EN ZONA 1 (SALIDA DE BALÓN)** OBJ. SECUNDARIO: REORGANIZACIÓN DEFENSIVA (TRANSICIÓN DEFENSIVA)	**OBJ. PRINCIPAL: ATAQUE ORGANIZADO EN ZONA 1 (SALIDA DE BALÓN)** OBJ. SECUNDARIO: REORGANIZACIÓN DEFENSIVA (DEFENSA ORGANIZADA)	**OBJ. PRINCIPAL: ATAQUE ORGANIZADO EN ZONA 1 Y 1/2 (SALIDA DE BALÓN + PROGRESIÓN EN EL JUEGO)** OBJ. SECUNDARIO: REORGANIZACIÓN DEFENSIVA (TRANSICIÓN DEFENSIVA)	
6	**OBJ. PRINCIPAL: ATAQUE ORGANIZADO EN ZONA 1 Y 1/2 (SALIDA DE BALÓN + PROGRESIÓN EN EL JUEGO)** OBJ. SECUNDARIO: REORGANIZACIÓN DEFENSIVA (DEFENSA ORGANIZADA)	**OBJ. PRINCIPAL: ATAQUE ORGANIZADO EN ZONA 2 (PROGRESIÓN EN EL JUEGO)** OBJ. SECUNDARIO: REORGANIZACIÓN DEFENSIVA (TRANSICIÓN DEFENSIVA)	**OBJ. PRINCIPAL: ATAQUE ORGANIZADO EN ZONA 2 (PROGRESIÓN EN EL JUEGO)** OBJ. SECUNDARIO: REORGANIZACIÓN DEFENSIVA (DEFENSA ORGANIZADA)	
7	**OBJ. PRINCIPAL: ATAQUE ORGANIZADO EN ZONA 2 Y 2/3 (PROGRESIÓN + FINALIZACIÓN)** OBJ. SECUNDARIO: REORGANIZACIÓN DEFENSIVA (TRANSICIÓN DEFENSIVA)	**OBJ. PRINCIPAL: ATAQUE ORGANIZADO EN ZONA 2 Y 2/3 (PROGRESIÓN + FINALIZACIÓN)** OBJ. SECUNDARIO: REORGANIZACIÓN DEFENSIVA (ORGANIZACIÓN DEFENSIVA)	**OBJ. PRINCIPAL: ATAQUE ORGANIZADO EN ZONA 3 (FINALIZACIÓN)** OBJ. SECUNDARIO: REORGANIZACIÓN DEFENSIVA (TRANSICIÓN DEFENSIVA)	
8	**OBJ. PRINCIPAL: ATAQUE ORGANIZADO EN ZONA 3 (FINALIZACIÓN)** OBJ. SECUNDARIO: REORGANIZACIÓN DEFENSIVA (DEFENSA ORGANIZADA)	**OBJ. PRINCIPAL: DEFENSA ORGANIZADA EN TODAS LAS ZONAS** OBJ. SECUNDARIO: TRANSICIÓN OFENSIVA (CONTRAATAQUE) (USO DE PASES DE MEDIA Y LARGA DISTANCIA)	**OBJ. PRINCIPAL: DEFENSA ORGANIZADA EN TODAS LAS ZONAS** OBJ. SECUNDARIO: TRANSICIÓN OFENSIVA (CONTRAATAQUE) (USO DE PASES DE MEDIA Y LARGA DISTANCIA)	

PARTE PRÁCTICA

En las siguientes páginas encontrarás:

1ª SEMANA DE PRETEMPORADA para IMPLANTAR el ESTILO DE JUEGO DIRECTO.

a) Martes: Sesión 1 del primer microciclo
b) Miércoles: Sesión 2 del primer microciclo
c) Viernes: Sesión 3 del primer microciclo

Todas y cada una de las sesiones del microciclo vienen con sus tareas y su explicación en video. No hay excusa para no poner en práctica todo lo aprendido.

SESIÓN 1 MARTES	**SESIÓN 2 MIÉRCOLES**	**SESIÓN 3 VIERNES**
OBJ. PRINCIPAL: DEFENSA ORGANIZADA EN ZONA 1 (CAMPO PROPIO) (PRESIÓN) OBJ. SECUNDARIO: TRANSICIÓN OFENSIVA (CONTRAATAQUE)	OBJ. PRINCIPAL: DEFENSA ORGANIZADA EN ZONA 1 (CAMPO PROPIO) (PRESIÓN) OBJ. SECUNDARIO: TRANSICIÓN OFENSIVA (CONTRAATAQUE)	OBJ. PRINCIPAL: DEFENSA ORGANIZADA EN ZONA 1 (CAMPO PROPIO) (PRESIÓN) OBJ. SECUNDARIO:ATAQUE ORGANIZADO BUSCANDO PASES DE MEDIA DISTANCIA A ZONAS DETERMINADAS (BANDAS O CÍRCULO CENTRAL)

1ª SEMANA DE PRETEMPORADA - IMPLANTAR ESTILO DE JUEGO DIRECTO

SESIÓN 1 MARTES	SESIÓN 2 MIÉRCOLES	SESIÓN 3 VIERNES
OBJ. PRINCIPAL: DEFENSA ORGANIZADA EN ZONA 1 (CAMPO PROPIO) (PRESIÓN)	OBJ. PRINCIPAL: DEFENSA ORGANIZADA EN ZONA 1 (CAMPO PROPIO) (PRESIÓN)	OBJ. PRINCIPAL: DEFENSA ORGANIZADA EN ZONA 1 (CAMPO PROPIO) (PRESIÓN)
OBJ. SECUNDARIO: TRANSICIÓN OFENSIVA (CONTRAATAQUE)	OBJ. SECUNDARIO: TRANSICIÓN OFENSIVA (CONTRAATAQUE)	OBJ. SECUNDARIO:ATAQUE ORGANIZADO BUSCANDO PASES DE MEDIA DISTANCIA A ZONAS DETERMINADAS (BANDAS O CÍRCULO CENTRAL)
1. CALENTAMIENTO	**1. CALENTAMIENTO**	**1. CALENTAMIENTO**
Rondo	Juego de presión + salida de balón	Tarea de presión + salida de balón
2. PARTE INICIAL	**2. PARTE INICIAL**	**2. PARTE INICIAL**
Juego reducido	Tarea para la búsqueda del pase de media distancia al hombre objetivo.	Juego reducido + hombre objetivo
3. PARTE PRINCIPAL	**3. PARTE PRINCIPAL**	**3. PARTE PRINCIPAL**
Tarea de defensa-ataque en medio campo	Partido condicionado	Partido con reglas de provocación
4. VUELTA A LA CALMA	**4. VUELTA A LA CALMA**	**4. VUELTA A LA CALMA**
Tecnificación pases de media distancia	Tecnificación despejes orientados	Tecnificación pases largos (pases planos)

1ª SEMANA DE PRETEMPORADA - IMPLANTAR ESTILO DE JUEGO DIRECTO

SESIÓN 1 MARTES

OBJ. PRINCIPAL: DEFENSA ORGANIZADA EN ZONA 1 (CAMPO PROPIO) (PRESIÓN)

OBJ. SECUNDARIO: TRANSICIÓN OFENSIVA (CONTRAATAQUE)

1. CALENTAMIENTO

Rondo

2. PARTE INICIAL

Juego reducido

3. PARTE PRINCIPAL

Tarea de defensa-ataque en medio campo

4. VUELTA A LA CALMA

Tecnificación pases de media distancia

TAREA 1: calentamiento - Rondo

DESCRIPCIÓN

En un rectángulo central colocamos sobre la línea a cuatro jugadores que tendrán que mantener la posesión mientras que dentro de dicho rectángulo colocamos a tres jugadores que tendrán que robar la posesión. En el momento que uno de esos tres jugadores roben el balón tendrán que conectar con un jugador de fuera que está colocado en otro rectángulo menor.

Queremos mejorar el trabajo defensivo colectivo y el pase seguro para crear un contraataque.

El equipo que está por fuera del rectángulo y que está manteniendo la posesión puede entrar dentro a robar el balón cuando se pierde la posesión. (Así dificultamos también la tarea de dar pase seguro)

OBJETIVOS

Mejora del trabajo defensivo colectivo para poder conseguir la posesión del balón de manera rápida

MATERIALES	Nº DE JUGADORES
• Balones • 5 conos planos • Petos de tres colroes	Toda la plantilla Separados en grupos de 7 jugadores +2 Cuatro - cinco - dos

DESCRIPCIÓN GRÁFICA

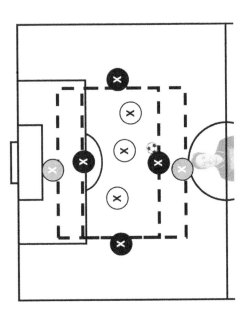

NORMATIVA DE CARGA

Duración de la repetición	6' + 6'
Número de repeticiones	2
Descanso entre repeticiones	2'
Tiempo total	14'

TAREA 2. Parte Inicial: Juego reducido

DESCRIPCIÓN

En un rectángulo se enfrentan dos equipos para intentar robar el balón y anotar un gol en una mini portería (la mini portería sería lo equivalente a dar un pase seguro para poder comenzar un ataque). En el exterior entre las dos mini porterías tendremos colocados a un comodín para que conecte con el lado opuesto tras recibir un pase del equipo que ha recuperado el balón.

Se enfrentarán dos equipos, el que tiene la posesión solo puede usar a los cuatro jugadores de dentro y tienen que intentar únicamente no perder la posesión.

El equipo que no tiene la posesión tiene que robar dicha posesión. En el momento que lo haga tendrá que anotar gol en la mini portería que está en la zona opuesta de donde se ha robado el balón. Para ello podrán usar los comodines de fuera.

OBJETIVOS

Mejora del trabajo defensivo colectivo para poder conseguir la posesión del balón de manera rápida

MATERIALES	Nº DE JUGADORES
• Balones • Conos planos • Petos	Toda la plantilla equipos de 8 jugadores más 2 por fuera

DESCRIPCIÓN GRÁFICA

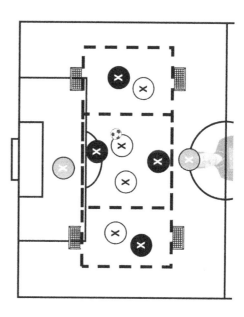

NORMATIVA DE CARGA

Duración de la repetición	10' + 10'
Número de repeticiones	2
Descanso entre repeticiones	2'
Tiempo total	22'

TAREA 3. Parte Principal: Tarea defensa-ataque en la mitad del medio campo

OBJETIVOS

Defensa organizada (presión) y pase seguro para transición ofensiva.

MATERIALES	Nº DE JUGADORES
• Balones • Petos • Mini porterías • Portería	10 jugadores de campo (5+5) 1 portero

DESCRIPCIÓN GRÁFICA

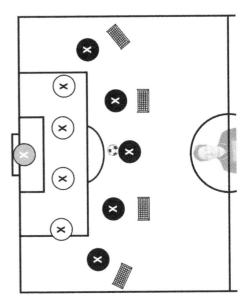

DESCRIPCIÓN

El equipo que tiene la posesión va a intentar meter gol en la portería grande.

El equipo que no tiene la posesión va a intentar estar organizado e intentar que el equipo rival no dispare a portería.
Va a intentar robar el balón usando la basculación, el achique de espacios, el fuera de juego, las ayudas...
Cuando robe el balón va a intentar en pocos pases (si es posible uno) conectar con un compañero (en esta caso serían las mini porterías). Si anota gol sería cómo lograr dar un gran pase para iniciar una transición.

El portero tiene la posibilidad de hacer un lanzamiento hacia las mini porterías de las bandas y si consigue gol también valdría porque sería conectar con un compañero que está en buena posición y se podría crear un contraataque.

NORMATIVA DE CARGA

Duración de la repetición	10' + 10'
Número de repeticiones	2
Descanso entre repeticiones	2'
Tiempo total	22'

*Esta tarea la tienes explicada en vídeo en la zona audiovisual

233

TAREA 4: vuelta a la calma: Tecnificación pase de media distancia   Fecha: martes

OBJETIVOS

Mejorar el pase de media distancia, muy importante mejorar la precisión, velocidad y altura.

MATERIALES	Nº DE JUGADORES
• Balones • Conos planos • Mini porterías	Toda la plantilla (por pequeños grupos)

DESCRIPCIÓN

En grupos trabajamos los pases de media distancia rasos y a media altura. (pases directos para ganar tiempo).

El jugador con balón tiene que meter un gol en la mini portería a través de un pase raso y tiene que contactar con el jugador colocado detrás de la mini portería con un balón de media altura.

Eso lo realizará hacia los cuatro jugadores que estarán colocados a una distancia que el entrenador considere.
Luego van rotando para que ntoso realicen dicha tarea.

obs: tener muy en cuenta también el control orientado de los compañeros que reciben el esférico

DESCRIPCIÓN GRÁFICA

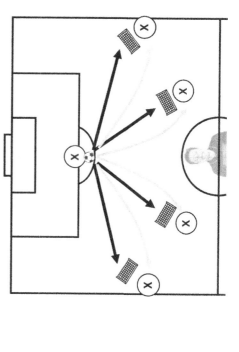

NORMATIVA DE CARGA

Duracion de la repetición	7'
Número de repeticiones	1
Descanso entre repeticiones	7'
Tiempo total	14'

234

SESIÓN 2 MIÉRCOLES

OBJ. PRINCIPAL: DEFENSA ORGANIZADA EN ZONA 1 (CAMPO PROPIO) (PRESIÓN)

OBJ. SECUNDARIO: TRANSICIÓN OFENSIVA (CONTRAATAQUE)

1. CALENTAMIENTO

Juego de presión + salida de balón

2. PARTE INICIAL

Tarea para la búsqueda del pase de media distancia al hombre objetivo.

3. PARTE PRINCIPAL

Partido condicionado

4. VUELTA A LA CALMA

Tecnificación despejes orientados

TAREA 1: calentamiento: Juego de presión + salida de balón

OBJETIVOS

Mejora del trabajo defensivo colectivo para poder conseguir la posesión del balón de manera rápida y saber buscar los espacios para conectar con los compañeros para crear una jugada de ataque

MATERIALES	Nº DE JUGADORES
• Balones • Conos planos • Petos de 3 colores	Toda la plantilla Separados en grupos (4x5+2C+1P)

DESCRIPCIÓN GRÁFICA

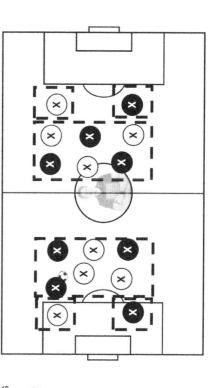

DESCRIPCIÓN

En un rectángulo se enfrentan dos equipos dentro de dicho espacio. Un equipo tiene que anotar gol en la portería grande, donde está defendida por un portero y cinco defensas bien organizados.

El equipo que está defendiendo tendrán que intentar que el equipo rival no anote gol y tendrán que robar el esférico. En el momento que lo hagan tendrán que conectar mediante un pase de media o larga distancia hacia el compañero que se encuentra encerrado en un rectángulo. Este compañero tendrá que controlar el esférico mandado por su compañero. Si lo consigue el equipo defensor conseguirá un punto.

Obs: podemos usar los tres porteros para esta tarea, dos porteros jugarán en los rectángulos y tendrán que coger el balón sin que bote el pase de sus compañeros. Luego vamos alternando a los porteros para que todos pasen por las tres posiciones.

NORMATIVA DE CARGA

Duración de la repetición	6' + 6'
Número de repeticiones	2
Descanso entre repeticiones	2'
Tiempo total	14'

236

TAREA 2. Parte Inicial: Tarea para la búsqueda del pase de media distancia al hombre objetivo.

DESCRIPCIÓN

Se enfrentan dos equipos, la idea del equipo con balón es encontrar al compañero que están en el lado opuesto solo en el rectángulo. Si conseguimos conectar con el hombre objetivo y este controla el balón en su espacio consigue ese equipo 3 puntos.

Si el balón se queda corto llegará al otro rectángulo contiguo donde hay un tres contra tres. Se tendrá que ganar el duelo aéreo y ganar las caídas para conseguir 1 punto.

El equipo rival tendrá que ganar el duelo e intentar lanzar su balón tras la recuperación buscando al hombre objetivo del campo contrario, y si se queda corta se jugará en el otro rectángulo de nuevo un duelo por la posesión.

OBJETIVOS

Mejora del trabajo defensivo y el pase medio. Búsqueda del pase directo para romper líneas defensivas y encontrar al hombre objetivo.

MATERIALES	N° DE JUGADORES
• Balones • Conos planos • Petos de dos colores	16 jugadores (equipos de 3x3 en rectángulo) 2 hombres objetivos

DESCRIPCIÓN GRÁFICA

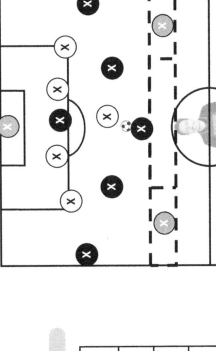

NORMATIVA DE CARGA

Duración de la repetición	10' + 10'
Número de repeticiones	2
Descanso entre repeticiones	2'
Tiempo total	22'

237

TAREA 3. Parte Principal: Partido condicionado

OBJETIVOS

Mejora de la defensa organizada y salida de balón usando juego directo

MATERIALES	Nº DE JUGADORES
• Balones • Petos de dos colores • Porterías	8 jugadores de campo + 2 porteros

DESCRIPCIÓN GRÁFICA

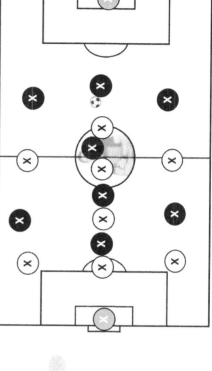

*Esta tarea la tienes explicada en vídeo en la zona audiovisual

DESCRIPCIÓN

En el campo de fútbol 7 enfrentamos dos equipos formados por 8 jugadores, el equipo blanco tiene que jugar con una defensa replegada y organizada para que el rival no pueda anotar gol con facilidad. Dejando al equipo rival que solo pueda disparar desde media o larga distancia o solo pueda hacer centros laterales.

Cuando el equipo blanco tenga el balón realizará juego directo buscando a los jugadores de banda o al delantero centro y a partir de ahí tendrán que hacer jugadas de ataque.

Por el contrario el equipo rival tendrá que hacer juego combinativo y tendrá que defender lejos de su portería.

NORMATIVA DE CARGA

Duración de la repetición	10' + 10'
Número de repeticiones	2
Descanso entre repeticiones	2'
Tiempo total	22'

238

TAREA 4: vuelta a la calma: Tecnificación despejes orientados

Fecha: miércoles

OBJETIVOS

Mejora del despeje orientado. Colocación y dónde despejar si es posible

MATERIALES	N° DE JUGADORES
• Balones • Conos planos	Toda la plantilla

DESCRIPCIÓN GRÁFICA

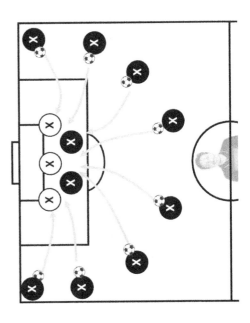

DESCRIPCIÓN

En el medio campo se realizan centros desde diferentes zonas para que dos jugadores con peto negro intenten anotar gol.

Los jugadores con peto blanco tendrán que despejar los balones. Lo tendrán que hacer de la mejor manera posible buscando zonas donde el equipo blanco no sufra un siguiente remate por un mal despeje y pueda conectar con un jugador con peto blanco para empezar un contraataque.
Si no es posible les mostraremos donde despejar para que se vaya a saque de banda sin necesidad de sufrir un segundo ataque.

Además les enseñaremos a achicar espacio y salir para dejar al rival en fuera de juego.

Observaciones: el número de jugadores para defender depende del entrenador, puede variar en función de las necesidades de la tarea.

NORMATIVA DE CARGA

Duración de la repetición	7'
Número de repeticiones	1
Descanso entre repeticiones	7'
Tiempo total	14'

1ª SEMANA DE PRETEMPORADA - IMPLANTAR ESTILO DE JUEGO DIRECTO

SESIÓN 3 VIERNES

OBJ. PRINCIPAL: DEFENSA ORGANIZADA EN ZONA 1 (CAMPO PROPIO) (PRESIÓN)

OBJ. SECUNDARIO: ATAQUE ORGANIZADO BUSCANDO PASES DE MEDIA DISTANCIA A ZONAS DETERMINADAS (BANDAS O CÍRCULO CENTRAL)

1. CALENTAMIENTO

Tarea de presión + salida de balón

2. PARTE INICIAL

Juego reducido + hombre objetivo

3. PARTE PRINCIPAL

Partido con reglas de provocación

4. VUELTA A LA CALMA

Tecnificación pases largos (pases planos)

TAREA 1: calentamiento : Tarea de presión + salida de balón

Fecha: viernes

OBJETIVOS

Mejora del trabajo defensivo colectivo.
Mejora de la circulación de balón
Mejora del pase de media distancia raso o media altura

MATERIALES	Nº DE JUGADORES
• Balones • Petos de 2 colores • Portería • Mini porterías	7 jugadores blancos 7 jugadores negros 1 portero

DESCRIPCIÓN GRÁFICA

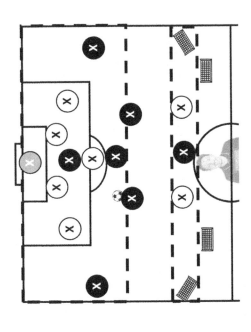

DESCRIPCIÓN

Se enfrentan dos equipos en un rectángulo que está situado en la zona 1 (desde la portería hasta cinco metros después del medio círculo del área). El equipo de peto blanco tendrá que defender el ataque que realiza el equipo con peto negro. Lo harán de forma ordenada y organizada. Cuando el equipo con peto blanco robe balón tendrá que mantener la posesión y tendrán que conectar con los delanteros que están colocados en un rectángulo lejano. Para poder conectar con los delanteros tendrán que hacerlo usando los pases rasos o de media altura. Estos delanteros tendrán que controlar el balón dentro de ese rectángulo y anotar gol en alguna de las mini porterías.

El equipo negro tendrá que anotar gol en la portería grande y cuando no tenga la posesión tengran que hacer presión para que el equipo de peto blanco no pueda lanzar o si lo hace que lo haga con poca precisión.

Muy importante hacerle hincapié al equipo de peto blanco que tras robar el balón tienen que dar un pase seguro para poder así decidir si hacen juego combinativo y luego buscan el pase directo a los hombres objetivos o se hace ese pase nada más robar el balón. El jugador que lo hace tiene que saber que tiene que estar en las mejores condiciones para que sea exitoso.

NORMATIVA DE CARGA

Duración de la repetición	6' + 6'
Número de repeticiones	2
Descanso entre repeticiones	2'
Tiempo total	14'

TAREA 2. Parte Inicial: Juego reducido + hombre objetivo

DESCRIPCIÓN

OBJETIVOS

Mejora de la presión colectiva. Mejora del pase seguro. Mejora del pase directo (raso o media altura)

MATERIALES	Nº DE JUGADORES
• Balones • Conos planos • Petos de 3 colores • Portería	5 Jugadores peto blanco. 5 Jugadores peto negro. 1 comodín 1 portero

DESCRIPCIÓN GRÁFICA

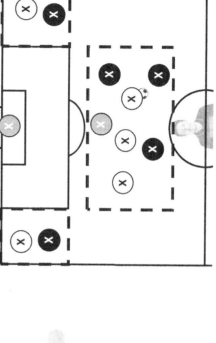

En medio campo recreamos una situación de partido. En el cuadrado se juega un juego de posesión por parte del equipo negro y el equipo blanco. El equipo que tiene la posesión tiene que intentar conectar con un compañero que está en alguno de los dos rectángulos. Si lo hacen conseguirán un punto. Si el compañero que tiene balón controlado en el rectángulo y gana el duelo individual y es capaz de sacar un centro donde el portero tenga que intervenir entonces consigue dos puntos.

Para conseguir tres puntos el equipo que no tiene la posesión en el rectángulo inicial tiene que robarla, conectar con el jugador de banda y este tiene que realizar un centro.

Variantes:

-se puede poner o quitar comodín dependiendo de la dificultad que queramos añadir.

-el jugador que no interviene en el duelo individual puede convertirse en delantero y poder rematar el centro que realiza su compañero

NORMATIVA DE CARGA

Duración de la repetición	10' + 10'
Número de repeticiones	2
Descanso entre repeticiones	2'
Tiempo total	22'

242

TAREA 3. Parte Principal: Partido con reglas de provocación

DESCRIPCIÓN

Se realiza un partido donde se enfrentan dos equipos, uno con peto blanco que tendrá que jugar con el estilo de juego vertical, donde tendrán que seguir las indicaciones que les ha dado el entrenador.

en la zona de defensa tendrán que dar pases seguros y tendrán que avanzar a través de pases de media distancia hacia la banda o pases de larga distancia en busca del hombre objetivo.

En la zona de medios tendrán que usar pases diagonales para buscar la espalda de los defensores rivales

Cuando el balón esté en banda tendrán que ganar esos duelos y a partir de ahí realizar ataques directos acabados en disparos o centros.

Cuando el balón esté en zona del hombre objetivo tendrán que ganar las segundas jugadas y a partir de ahí hacer ataques que tendrán que acabar con tiros de media o larga distancia. LA IDEA PRINCIPAL ES ACABAR JUGADA Y QUE NO PUEDA EL EQUIPO NEGRO HACER UN CONTRAATAQUE.

Por otro lado el equipo de peto negro tendrá que ir cambiando de estilo de juego para que el equipo de peto blanco se pueda ir adaptando a las diferencias del rival y poder no solo defenderlo bien sino que también atacarlo de manera adecuada.

OBJETIVOS

Mejora de la presión colectiva.
Mejora de la toma de decisión (ataque por banda u hombre objetivo)
Mejora de ganar las segundas jugadas y los duelos aéreos

MATERIALES	Nº DE JUGADORES
• Balones • Conos planos • Porterías	10 jugadores de campo 2 porteros

DESCRIPCIÓN GRÁFICA

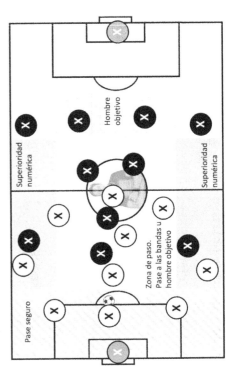

Superioridad numérica

Hombre objetivo

Superioridad numérica

Pase seguro

Zona de paso.
Pase a las bandas u hombre objetivo

*Esta tarea la tienes explicada en vídeo en la zona audiovisual

NORMATIVA DE CARGA

Duración de la repetición	10' + 10'
Número de repeticiones	2
Descanso entre repeticiones	2'
Tiempo total	22'

TAREA 4: vuelta a la calma: Tecnificación pases largos (pases planos)

OBJETIVOS

Mejora del pase, recepción y control

DESCRIPCIÓN

Colocamos ocho jugadores de manera que al hacer los pases practiquen pases largos planos en el mismo carril como en carriles diferentes (diagonales).

Luego se cambian los roles para que todos practiquen ambos lanzamientos

MATERIALES	Nº DE JUGADORES
• Balones • Conos planos	Toda la plantilla

DESCRIPCIÓN GRÁFICA

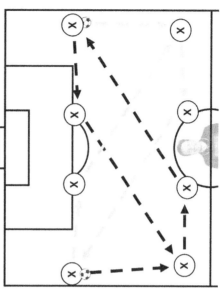

NORMATIVA DE CARGA

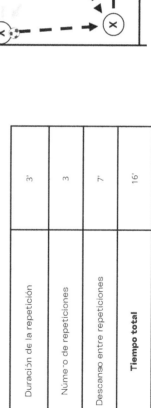

Duración de la repetición	3'
Número de repeticiones	3
Descanso entre repeticiones	7'
Tiempo total	16'

243

3

ZONA PRÁCTICA Y AUDIOVISUAL

JUEGO DE POSICIÓN

A continuación pongo a tu disposición en video y explicadas una a una TODAS LAS TAREAS que hemos visto en el apartado práctico del **juego de posición**.

PARTE PRINCIPAL. SESIÓN 1
MARTES

PARTE PRINCIPAL. SESIÓN 2
MIÉRCOLES

PARTE PRINCIPAL. SESIÓN 3
VIERNES

JUEGO DE POSESIÓN

A continuación pongo a tu disposición en video y explicadas una a una TODAS LAS TAREAS que hemos visto en el apartado práctico del **juego de posesión**.

PARTE PRINCIPAL. SESIÓN 1
MARTES

PARTE PRINCIPAL. SESIÓN 2
MIÉRCOLES

PARTE PRINCIPAL. SESIÓN 3
VIERNES

JUEGO VERTICAL

En esta página tienes a tu disposición en video y explicadas una a una TODAS LAS TAREAS que hemos visto en el apartado práctico del **juego vertical**.

PARTE PRINCIPAL. SESIÓN 1
MARTES

PARTE PRINCIPAL. SESIÓN 2
MIÉRCOLES

PARTE PRINCIPAL. SESIÓN 3
VIERNES

JUEGO DIRECTO

En esta página tienes a tu disposición en video y explicadas una a una TODAS LAS TAREAS que hemos visto en el apartado práctico del **juego directo**, además, de la plantilla que hemos usado para la elaboración de este libro.

PARTE PRINCIPAL. SESIÓN 1
MARTES

PARTE PRINCIPAL. SESIÓN 2
MIÉRCOLES

PARTE PRINCIPAL. SESIÓN 3
VIERNES

DESCARGA LA PLANTILLA DE LAS SESIÓNES

ALGO QUE TE PUEDE AYUDAR

Antes de concluir la parte audiovisual, quiero presentarte con gran orgullo otro libro fundamental en mi carrera: "La Biblia de los Entrenadores de Fútbol". Elegimos este nombre porque realmente no hay otro libro como este; es una obra sin parangón que compila absolutamente TODAS las tareas existentes en el fútbol, descritas con meticuloso detalle. Si te interesa profundizar en este recurso indispensable, aquí encontrarás toda la información que necesitas.

CÓMO CONSEGUIRLO   LO QUE CONTIENE EL LIBRO

MUCHAS GRACIAS

Si has conseguido llegar hasta aquí, te felicito sinceramente con la mano en el corazón. Espero que hayas aprendido y, sobre todo, aplicado todo lo que has adquirido. Para mí, escribir este libro, darle forma y recopilar la información ha sido un viaje fascinante que espero haberte transmitido de alguna manera.

Dar las gracias a aquellos que pisan el césped, ya sea como jugadores o entrenadores, y a los que observan cada partido con atención al detalle y dibujan estrategias, mi gratitud por llevar estas enseñanzas más allá de lo teórico.

Debo reconocer especialmente a Jesús Miguel Blanco Flores, mi editor, cuya perspicacia editorial ha sido fundamental. Jesús no solo ha pulido las palabras y afinado la estructura, sino que también ha fortalecido el espíritu de este libro, asegurando que cada sección resuene con autenticidad y pasión.

Mi agradecimiento se extiende a todos los que han sido parte de este proyecto: colegas que compartieron su sabiduría, amigos que ofrecieron su apoyo y familia que brindó su amor incondicional. Sin su colaboración, este libro no sería lo que es.

Con el deseo de que estas páginas sigan resonando en tus días, en cada partido que veas y en cada discusión táctica que tengas.

Con aprecio y esperanza de encontrarnos en cada línea del campo.

Un fuerte abrazo

Mister Joa.

¡Por favor! Deja tu reseña y valoración en Amazon, eso nos ayuda mucho y da energía para continuar trayendo materiales como este.

Tarea:

Fecha:

OBJETIVOS

DESCRIPCIÓN

MATERIALES

N° DE JUGADORES

DESCRIPCIÓN GRÁFICA

NORMATIVA DE CARGA

Duración de la repetición	
Número de repeticiones	
Descanso entre repeticiones	
Tiempo total	

Tarea:

Fecha:

OBJETIVOS

Nº DE JUGADORES

MATERIALES

DESCRIPCIÓN GRÁFICA

DESCRIPCIÓN

NORMATIVA DE CARGA

Duración de la repetición	
Número de repeticiones	
Descanso entre repeticiones	
Tiempo total	

Fecha:

Tarea:

OBJETIVOS

MATERIALES

N° DE JUGADORES

DESCRIPCIÓN GRÁFICA

DESCRIPCIÓN

NORMATIVA DE CARGA

Duración de la repetición	
Número de repeticiones	
Descanso entre repeticiones	
Tiempo total	

Tarea:

Fecha:

OBJETIVOS

DESCRIPCIÓN

MATERIALES

Nº DE JUGADORES

DESCRIPCIÓN GRÁFICA

NORMATIVA DE CARGA

Duración de la repetición	
Número de repeticiones	
Descanso entre repeticiones	
Tiempo total	

Tarea:

Fecha:

OBJETIVOS

DESCRIPCIÓN

MATERIALES

N° DE JUGADORES

DESCRIPCIÓN GRÁFICA

NORMATIVA DE CARGA

Duración de la repetición	
Número de repeticiones	
Descanso entre repeticiones	
Tiempo total	

Tarea:

Fecha:

OBJETIVOS

MATERIALES

Nº DE JUGADORES

DESCRIPCIÓN GRÁFICA

DESCRIPCIÓN

NORMATIVA DE CARGA

Duración de la repetición	
Número de repeticiones	
Descanso entre repeticiones	
Tiempo total	

Tarea:

Fecha:

OBJETIVOS

MATERIALES

Nº DE JUGADORES

DESCRIPCIÓN

DESCRIPCIÓN GRÁFICA

NORMATIVA DE CARGA

Duración de la repetición	
Número de repeticiones	
Descanso entre repeticiones	
Tiempo total	

Tarea:

Fecha:

OBJETIVOS

DESCRIPCIÓN

MATERIALES

Nº DE JUGADORES

DESCRIPCIÓN GRÁFICA

NORMATIVA DE CARGA

Duración de la repetición	
Número de repeticiones	
Descanso entre repeticiones	
Tiempo total	

Tarea:

Fecha:

OBJETIVOS

MATERIALES

N° DE JUGADORES

DESCRIPCIÓN GRÁFICA

DESCRIPCIÓN

NORMATIVA DE CARGA

Duración de la repetición	
Número de repeticiones	
Descanso entre repeticiones	
Tiempo total	

Fecha:

Tarea:

OBJETIVOS

MATERIALES

Nº DE JUGADORES

DESCRIPCIÓN GRÁFICA

DESCRIPCIÓN

NORMATIVA DE CARGA

Duración de la repetición	
Número de repeticiones	
Descanso entre repeticiones	
Tiempo total	

NOTAS

NOTAS

NOTAS

NOTAS

NOTAS

CONOCE TODO LO QUE TENEMOS
TU ALIADO PERFECTO PARA EL ÉXITO

MANUALES DEFINITIVOS PARA IMPLANTAR UN SISTEMA DE JUEGO

¿Quieres mejorar tu estrategia en el campo y dominar el sistema de juego **1-4-2-2** ó **1-4-3-3** en fútbol?

¿Cómo superar las defensas de cualquier tipo de sistema?

No dejes que los momentos de incertidumbre y derrota te detengan. Con este libro estarás mejor preparado para conquistar el terreno de juego y alcanzar tus objetivos.

¡Domina el FÚTBOL TOTAL!

DISPONIBLES EN amazon.com

CONOCE TODO LO QUE TENEMOS

UN ABANICO DE POSIBILIDADES

¿No sabes qué estilo de juego elegir para tu equipo? ¡Descubre paso a paso los secretos de cada uno de los estilos de juego que existen en el fútbol moderno y su evolución! ¡Elige el que más te guste o todos juntos!

Recuerda, no importa tu nivel de experiencia; estos libros están diseñado para ser accesible a todos aquellos con ganas de aprender verdadero fútbol.

DISPONIBLES EN amazon.com

CONOCE TODO LO QUE TENEMOS

PLANIFICA Y APRENDE COMO UN PRO

No existen cuadernos mas completos para cumplir un objetivo.
Recopila en un solo lugar todo lo necesario para tener éxito en tu planificación anual, ya sea de Fútbol 11, Fútbol 7 o Fútbol Sala.

¿Buscas una **guía que te proporcione desde 0 conocimientos profundos y aplicables específicamente para fútbol 7?** ¿Te acaban de dar un equipo y te sientes abrumado al intentar crear estrategias efectivas en el campo reducido de fútbol 7?

"La GUÍA TOTAL del Entrenador de Fútbol 7"

CONOCE TODO LO QUE TENEMOS

CUADERNOS DEFINITIVOS

El cuaderno definitivo para **entrenar porteros en fútbol** es un instrumento de trabajo para cualquier entrenador que quiera potenciar las habilidades de sus guardametas a través de sesiones planificadas, tanto individuales como grupales.

El cuaderno definitivo para **captar jugadores de fútbol** es un recurso para entrenadores que aspiran descubrir y desarrollar nuevos talentos. Permite anotar observaciones detalladas, analizar las habilidades individuales y evaluar los criterios clave para tomar decisiones informadas en el proceso de selección de jugadores durante las jornadas de captación.

El cuaderno definitivo para **entrenar y diseñar las acciones a balón parado** es un instrumento de trabajo que te ayudará a planificar y elegir bien que ABP usar según la situación que se presente durante un partido, recopilando en un sólo lugar todas tus ABP preferidas.

El cuaderno definitivo para **analizar a equipos rivales** es un instrumento de trabajo que te ayudará a planificar y elegir bien que estrategias llevar a cabo según el rival al que te enfrentes, abarcando todas las fases del juego.

DISPONIBLES EN amazon.com

CONOCE TODO LO QUE TENEMOS

TAMBIÉN PARA NIÑOS

El diario de fútbol para niños. Registra todos tus partidos, estadísticas y resultados. Apunta tus victorias y aprende de los desafíos con este compañero de aventuras futbolísticas. No es solo un registro; es un mapa hacia tu crecimiento como jugador.

Lleno de **actividades y pasatiempos.** Desde diseñar uniformes y escudos de equipos hasta planificar fichajes y cromos personalizados. También juegos de laberintos, crucigramas y sopas de letras para mejorar. Así como curiosidades interesantes sobre jugadores, estadios y reglas del fútbol. ¡Diviértete con tus jugadores favoritos!

El gran libro para **COLOREAR a los mejores futbolistas de la HISTORIA**! No sólo encontrarás a grandes como Mbappé, Messi o Cristiano, también escudos y entrenadores

¡COLOREA TODOS LOS DEPORTES y disciplinas de los próximos **JJ.OO de PARIS**, conoce la historia de los juegos, curiosidades y diseña tus propios atletas!

DISPONIBLES EN amazon.com

Made in the USA
Monee, IL
07 June 2024